石原忠美
岡村忠典の

剣道歓談

生涯剣道を求めて

体育とスポーツ出版社

剣道歓談　目次

各章とびら写真＝徳江正之
ブックデザイン＝岩田次男

平成７年、鳥取インターハイ会場にて。朝稽古前のひととき

第一話　教えること伝えること

教育と剣道

岡村　最近は中学生を中心として子どもたちの起こした事件、それも過去に類を見ないような事件の報道が相次いでいますけれど、青少年が未来を担うことになる国家にとって由々《ゆゆ》しき問題とこれを受け止めている人が少なくないのではないでしょうか。教育の現場にいた私は、ひとしお責任をおぼえますし、こんなことが言えたものではないんですが、こういう事件は氷山の一角で、子どもたちの荒廃には深刻なものがあります。本当は剣道についてのお話からうかがうべきなのですが、石原先生はそのような事件報道に対して、どのようなことを感じておられますか。

石原　一言で申せば、嘆かわしいということになりますが、私が教えている道場（岡山市立西大寺《さいだいじ》武道館）にこんな子どもがいました。小学四年生なのですが、寒稽古のときの朝、道場の入口で私と目が合ってもぼやぁーとしている。「先生と会《お》うたら、おはようございますと挨拶するんだよ」と教えたのですが、それでも声が出てこないのです。明くる日もそうでした。それで稽古のあと「先生、今日も君に面《めん》を一本もらったよ」と言ったところ、少し目の色が変わりましてね。やっと三日目から朝の挨拶の声が出るようになりましたが、そんなふうで、子どもたちは礼儀作法のいろはも家庭でしつけられていないように見受けられます。指導する先生が「そんなことまで教えるなんて馬鹿らしい」と思ってしまったら指導者の負けで、辛抱のしどころだと思うのですが、とにかく礼儀作法も教えない万事に放任主義では、まして物事の善悪などを教え込むなどできないでしょう。嘆かわしい出来事の背景として考えなんだらいかん問題だと思います。

岡村　私は戦前の教育を受けた方たちに戦後の教育を受けた世代ですが、今の子どもたちは戦後教育を受けた人たちの教育を受けています。戦前派の方々に戦前の教育を受けられた先生からすると、まさに隔世《かくせい》の感ありではないかと思うのですが、いかがでしょう。

石原　敗戦後に民主主義が学校教育にも導入されて、その民主主義教育を受けて大人になったのが、今の先生方であり親御さんたちですね。その民主主義精神の一つは自由ということですけれども、それを放任とはき違えたところから先ほど申したような問題が生まれてきました。もう一つは平等の精神でしょうが、我々の世代は落伍者《らくごしゃ》が出て当然といった教育だったので、それから見ると、言われたように隔世の感があります。

少し乱暴な表現ですが、「坊主、革茸《こうたけ》、二分止《にぶど》まり」という言葉があった。お坊さんは仏道を修行するが、次々やめていき、残るのはせいぜい二分（二〇パーセント）くらい。革茸という茸《きのこ》を乾《ほ》すと、これも二分ほどしか乾しあがらない。こういうことを当たり前のこととして、我々は教育されました。剣道の教育も同じで、今のようにすべての卵を大事に大事に孵《かえ》すような導き方とは正反対のものでしたね。

岡村　先生は武専（大日本武徳会武道専門学校）のご卒業ですが、そこでの指導法もそうだったんでしょうね。

石原　武専の剣道は毎年二十名採《と》っておったんですが、四年して卒業するときは半数ほどに減っていることがほとんどでした。「ついて来れないやつは早《はよ》うやめてしまえ」といった、言ってみればいいじめにいじめぬく教え方でしたから。それと百錬自得で、先生方は理論のようなものは一切教えられなかったのです。極端に言えば「ええ稽古ができれば、理論など無《の》うてもええ」という指導法であって、その稽古の工夫は各自にゆだねるというものでした。それができたのは徹底したマン・ツー・マン指導だったからです。元立ちに立つ先生は十分すぎるほどおられたし、おかげで骨抜きにされるまで鍛えに鍛えられましたよ。その頃は「こんな理不尽な教育があるかい」と尻をまくって家に帰ろうと思ったことが幾度かありましたが、卒業して何十年も経ってから、あの時分受けた指導法は間違いでなかったことがわかってきました。

しかし、きょうびの子どもたちにああいう指導をしたら、十人が十人とも剣道をやめてしまうでしょうね。

岡村　お話をうかがっていて、戦前の人たちが我慢強かったのか、それとも戦後派が我慢が足りないのか、ともかく忍耐力の差というものを痛感します。それを含めて結局は心の教育の問題が子どもたち、あるいは子どもと親、生徒と教師との間の事件の背景にある。そこで、そういう危機的状況に対して、教育としての剣道がどう関わっていくかということが俎上《そじょう》に載せられてくるかと思います。全剣連の武安義光会長から「剣道が〝世直し〟の一部でも担えれば」といった旨のお話がありましたが、先生のお考えはいかがですか。

石原　表現は異なるところもありますが、念ずるところはまったく同じでございます。そのためには剣道という伝統文化を正しく教え、そして伝えることのできる人が育たねばならんと考えます。

高める努力

岡村　そこで再考しなければならないのは、指導者のあり方ですね。私事にわたりますが、私は高体連（全国高等学校体育連盟）の剣道部長の職にあった関係で、指導者についての実にさまざまな苦情にふれてきました。たとえば、寝そべって笛を吹きながら生徒に掛かり稽古をさせていた先生がいる。試合に負けた罰として炎天下に面をつけて生徒を並ばせ、長時間素振りを強要した先生もいる。道場で暴力をふるって生徒に傷を負わせた例は枚挙にいとまないほどでした。鍛えることといじめとの間には明らかに一線が引かれているはずなのですが、自分が理性をコントロールできない状態で強い指導を行なおうとすると、それがいじめに直結してしまいがちなんですね。全国から寄せられるそんな苦情を耳にするたびに、指導者を指導する場の必要性をおぼえたものですが、指導者としての一番大切な心得は何でしょうか。

石原　自分自身の剣道を高める努力を怠らない。それだと思います。自分の剣道を上達させることが、すなわち、正しい剣道指導につながるものと考えます。

岡村　その意味で戦前のレベルの高い剣道を修行された先生方の術理、指導法などの優れた部分を今の指導者たちに伝えることが大切ですね。高体連に勤務しているとき私なりにそれには努めてきたつもりなんですが、どうもそれが伝えきれていないようです。この対談では石原先生に追い追いそうしたことについて、おうかがいしたいと思いますが、まず自分の剣道を高める上でまず心がけておかなければならないのは、どういうことでしょうか。

石原　「剣道の理念」を踏まえた剣道を心がけて、日々の稽古に励むことです。

理念を踏まえた剣道とは、第一に、気で攻めて理で打つ剣道。第二に、刀の観念で竹刀を使う剣道です。これは言い換えれば、「当たり」ではなく、「打ち」の剣道を志すということです。「打ち」は意志の発動、信念がそこにあり、かつ、攻め打ち（攻めて打つことが一拍子）です。「当たり」には信念が無かったり不足している。攻めも無く、または足りていない。この違いをよくわきまえて、「打ち」の剣道を志すことです。三番目は、偶然ではなく必然を求める剣道であること。第四は決断の剣道、これは身を捨てきる思い切った剣道と申してもいいでしょう。それから、機を見る剣道ということ。血気にはやらない正気の剣道。小川忠太郎先生がいつもおっしゃっていた「浩然《こうぜん》の気」の剣道ですね。さらに、省略をきかした剣道を志すことが大切です。

岡村 省略をきかす剣道とは、いわゆる無駄打ちをしない剣道、と受け取ってよろしいですか。

石原 結構です。別の言葉でいえば「溜《た》め」のある剣道、忍《にん》の剣道ですね。こうしたことを総和すると、理念を踏まえた剣道とは、真善美を求める剣道ということになるのではないでしょうか。「打ち」の剣道は真を求めるもの、「正気」「浩然の気」を求める剣道は善を求めること、省略をきかす剣道は美を求めることです。このような剣道を志して指導者が稽古を積めば、知・情・意も養われ、円満な人格が形成されて、そこから正しい指導が行なわれるようになるはずです。

対立と調和

石原 剣道の指導、とくに少年剣道の指導について少し付け加えておきますと、大切なのは稽古場の「空気」のつくり方ですね。その稽古場の空気が凛《りん》と張りつめたもののであるならば、その場で稽古する子どもたちにそれが伝わる。子どもの感性は豊かですから。そういう張りつめた空気の空間でする稽古を長い間続けているうちに、剣道とは何であるか、いわば剣道の本質を自然と肌で感じて認識できるようになるのです。だから、剣道を継続させることが大事なのはいうまでもありません。難しいことですが、せめて高校を卒業するまで一貫して指導するようでありたいものです。

岡村　いま「剣道とは何であるか」ということがわかるようになると言われましたが、石原先生は「剣道とは調和だ」と、常々語っておられます。この対談全体を通じてのキーワードの一つのように感じますので、最初に簡単にふれていただきたいのですが。

石原　剣道とは何かということは、私も自分なりに試行錯誤しながら考えてきました。その考え、あるいは理解といったものは将来変わるかもしれんが、こればかりは変わらないだろうと思うことの一つが、剣道は調和にあり、ということなんです。

　それには一つの言葉との出会いがありましてね。源平時代のことですが、鬼《き》一法眼《いちほうげん》という文武に通達した人が弟子の源九郎（源義経）に宛てたとされる文に、「来即迎、去即送、対即和、五々十、二八十、一九十、以レ是可レ和」（来ればすなわち迎え、去ればすなわち送り、対すればすなわち和す、五々十、二八十、一九十、是をもって和すべし）とあった。何とも響きのよい言葉であって、すっかり好きになって、以来座右の銘としているんですが、これは剣道の本質を正しく喝破しておる。

剣道には、むろん対立という要素がありますすなわち攻め合いであり、これは重要な要素です。早い話が有効打突ですが、これは自分一個で生み出すことができるかというと、そうじゃない。たとえば、相手が手元を上げてくれるから、小手打ちが有効打突になる。剣先を開いてくれるから、面打ちが一本の有効打突に結実する。攻め合うところまでの対立関係は、技が決まる瞬間には相和《あい》す関係に変わっています。対立から調和に至って、初めて一本の技が完結するのです。

こう考えると、剣道とは決して対立に終始するものではなく、むしろその本質、尊い特性は調和にある、ということになりましょう。剣道は伝承すべき文化とよく言われますが、こういう「こころ」を伝えていかなんだら、いかにも心もとないじゃないですか。

岡村　剣道における「調和」の意味あいが、今のお話でよく理解できました。だからこそ剣道が人間形成に通じる、と感じた次第ですが、剣道が人生、あるいは日常生活の糧《かて》となり得るという視点から、剣道の特質を見ると、どのような要素が挙げられますか。

石原　これもしばしば口にしておることなんですが、剣道はだいたい五つの要素（図A参照）から成り立っていると思うのです。

図A　剣道の特性から見た五つの要素

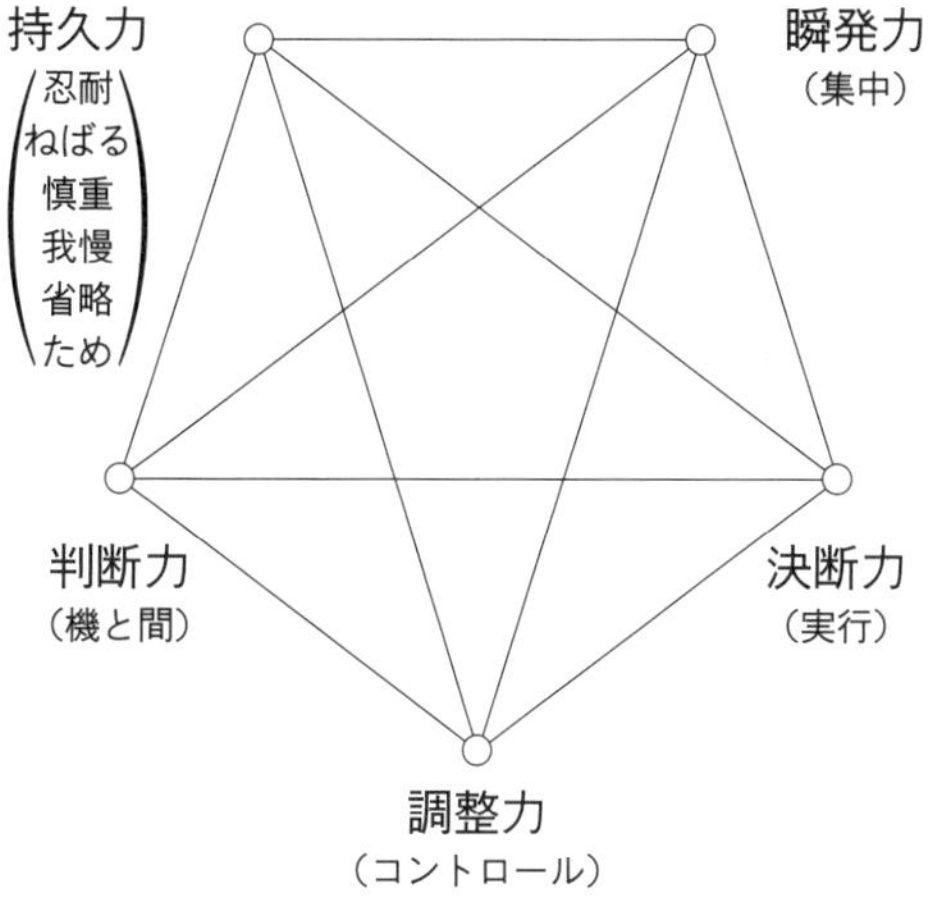

第一に瞬発力、これは集中力といってもいいでしょう。それから持久力、つまりはねばり。そして判断力ですが、これには目付、機を見ること、間合のとり方といった要素が含まれる。さらに決断力、すなわち実行力。五番目は調整力、コントロールですね。この五つの要素、その特性は老若男女に関わらずどなたにも具《そな》わっているものなんだ。この特性に、薄い紙を一枚一枚重ねていくように少しずつ磨きをかけていくのが、剣道の稽古です。薄紙も一年重ね続ければ、相当の厚

さになる。そうなったとき、五つのことが日常生活に実際に生かし得るものだという
ことも、実感できるようになると思います。

岡村　ところで、先生が最初に師事された近成《ちかなり》弘《ひろし》先生（範士八段）の指導法は、どのようなものだったのですか。

石原　非常に少年指導が上手な先生でした。一つだけ申しますと、先生は初心者に対しては、これを大事に大事に引き立てて、嫌がるようなことはまったく求められなかった。ところが、剣道をもうやめることはないと見たら、それからは鍛えまくるのです。そういう点が非常にうまかったな。

岡村　先生が近成先生について剣道を始められたのはどうしてだったのですか。

石原　私は小学生の頃、いわゆる虚弱児童でして、病気という病気にはひととおりかかっています。それも入院せねばならんほどの大病でして、志望していた中学（旧制）も受験一週間前に肺炎で熱を出して受けられなかった。落胆していたそんな私の将来を案じて、ある先輩が、身体を丈夫にするには剣道をやったらどうか、と親父にすすめたのです。そうして紹介してくれたのが近成弘先生だったんですが、このことは次回に「剣道と健康」というテーマを用意していただいているので、そこで述べさ

せてもらいましょう。

岡村　楽しみにしております。初回からとても良いお話、ありがとうございました。

西大寺武道館での朝稽古を終えて

第二話 剣道は人生の妙薬と見つけたり

健康と剣道

岡村　私は戦前に剣道を修行された先生方の優れた点を現在および未来の剣道家に吸収してもらえるように、間に立って骨を折ってみたいと思ってきた一人なのですが、世阿弥《ぜあみ》（能役者）の言葉を借りると「秘すれば花」という気風がやはり残っているからでしょうか、なかなか言葉に表わしていただきにくい難しさを痛感してきました。平成七年の鳥取インターハイ（全国高等学校剣道大会）の時でした。たまたま全剣連の会長代理としてお見えになった石原先生に、一晩お話をうかがう機会を得ましたが、あのとき先生がご自分の体得されたことで後輩の参考になりそうなことを、もう本当に屈託《くったく》なく語ってくださったので、すっかり感激してしまったんです。もっと詳しく石原先生にお話がうかがえたらいいな、と思っていたのが実は動機となって、今度の対談が実現の運びとなった次第なのです。

そこで、今回は最近とみに問題にされるようになった剣道と健康との関わりについておうかがいしたいのです。剣道をやると健康になる、元気になる、そう先生は常に明言しておられますが、具体的にはどのようなことがいえるのですか。

石原　これはあれこれ理屈を申し上げるよりも、私自身のささやかな体験をお話しするのがよいのではないかと思います。前の回にも少しふれましたが、小学時代の私は大病にかかっては入院をくり返していた虚弱児童でしてね。学校（岡山市の雄神尋常高等小学校）は剣道がわりあい盛んじゃったが、私は見学はしておったんですけれど、なにしろあの頭を打たれるのはかなわんな、と感じていました(笑)。

とにかく身体が弱いもんだから剣道などやれない。それでも勉強のほうは少しはできたのでしょうか、岡山県で二番目に難関とされた岡山二中（旧制）に願書を出した。ところが、受験の一週間前に肺炎にかかってしまって受けられなんで、大いに失望していたところへ、当時武専に入っていた石原一人先輩がやって来て、親父を説得したのです。いくら頭が良くても今のような弱い身体では人生に負けてしまう、自分が良い先生を紹介するから剣道をやらしたらどうか、と説得したのを親父が「そうさせよう」と約束した。親や先生の言うことには問答無用で従わねばならん時代でしたから、そんな次第で私は剣道の強かった中学岡山黌《こう》に入学して、近成弘先生（範士八段）の剣道指導を受けることになったんです。そうしましたら、一年経ったらもう病気せんようになった。風邪ひとつひかない身体になっておったんですな。それを身をもって体験しているから、剣道は健康づくりに良いって、自信をもって私はいえるのです。

岡村　お話をうかがっていますと、体がちょっと弱い子どもにこそ剣道はすすめてよい、というふうにも受け取れますね。体が頑健な子は今は野球やサッカーをやる傾向があるということも耳にしますけれど、その点で剣道の門戸は広く開かれているということがいえるのではないでしょうか。

さて、先生は岡山黌で近成先生について剣道を学び、五年生の時に廃校となったために関西中学校に転校して、卒業後に武専に入られています。ここで「死線をさまようまで鍛えぬく」といった稽古を四年間体験し、卒業してから中学（大阪府立豊中中学）に奉職、それから兵役につかれていますが、徴兵検査では甲種《こうしゅ》（最上級）合格だったそうですね。

石原　剣道やってきたおかげで、それだけ身体が出来《でけ》ておったんですな。

岡村　けれども、ひどく身体が弱った状態で戦地から帰って来られたとお聞きしておりますが。

石原　半死半生でございました。中国から南方のラバウル、ブーゲンビルに転戦したのですが、私ら野砲兵一ヶ中隊百五十名のうち生き残って帰ってきたのは十九名でした。終戦の翌年二月に復員するまで七年三ヵ月の間任務についていたんだが、もう三ヵ月のびておったら、私は死んどったろうな。栄養失調と、何よりも、悪性のマラリアにかかっておりましたから。

岡村　マラリアの恐しさというものは、小学三、四年生の頃に私も目《ま》の当たりにしました。戦地のフィリピンから帰った父がマラリアに冒《おか》されていて、ひどい発熱と悪寒のくり返しで、そのたびに蒲団を何枚もかぶせて押え込むなどして、家族ぐるみで格闘した記憶が今もなお鮮烈に残っています。特効薬のキニーネがなかなか入手できないので、もう宝物のように、皆で大事に保管していましたが、先生はいかがでしたか。

石原　マラリアは結核同様に不治の病とされていたが、キニーネは手に入らない。私は上陸した浦賀（神奈川県）で熱が出たまま岡山に帰ったんですが、たまたま自宅の玄関に立っておった親父が坂を上って来る私を目にして、てっきり乞食だと思い家の中へ入ってしもうたぐらい、衰弱しておった。食事して横になったら、それきりまる二日間意識不明ですわ。かかりつけの医者には、もう駄目だと宣告されました。だが、私は運が強かったんじゃろな。同時に復員した軍医がいて、たまたま私の家に立ち寄ったところがそんな状態だったので、急いで帰り、キニーネを持ってきてくれたのです。それで、ようよう死なずにすみました。

岡村　戦地からせっかく帰還できたのに、マラリアや結核で亡くなられた方々が多かったですからね。先生はそれから警察に、全剣連が発足して間もない昭和二十八年に勤務されていますが、その頃は身体は回復していたのですか。

石原　なんとか回復しておりました。不治の病といわれていたマラリアも三年間ほど国立病院に通院治療したため、全快しておりました。しかし復員以来、剣道は中断していましたし、健康になったとはいっても、稽古をする自信はありませんでした。新しく岡山県警察本部長で着任された大野健雄さん（京都時代の剣友）に、「石原君、警察も剣道ができるようになったから、ひとつ指導してもらえんじゃろうか」と、そんな話が出た。私は剣友の言葉にいたく感激したが、今は妻子もあるし、約一ヘクタールの田畑で百姓をやっておったし、それに中国管区大会で五連勝中の県警剣道部を果たして指導できるか不安であったため、その場では考えさせてくださいと答えたんですが、結局お受けしました。剣道で流す汗は軽やかで爽快さがあり、他のことで流す汗とまったく異なります。

答えにはなっていないかと思いますが、警察剣道指導によって、すっかり健康を取り戻せたことは何よりもありがたいことでした。まあ、剣道が体力回復の妙薬となったということになりましょう。

楽しい修行とは

岡村　戦争の時のことに戻りますが、戦時中は剣道からまったく離れておられたのですか。

石原　剣道をやる将校がいて、教えてくれるように要請があったことがあります。将校といえば雲の上の存在ですよ。一つ星（陸軍二等兵）だった私に、とてもじゃないがそんなことはできん。そこで連隊長にお願いして剣道の教官になってもろうて、私はその補助役という名目で教える形式をとりました。だが、それはわずかの間のことで、兵隊の時はほとんど剣道をやっておらんかったです。

岡村　これは今回のテーマから少し逸《そ》れるかもしれませんが、剣道は軍隊生活に役立ったか、という質問を受けたことはございませんか。

石原　あります。タイのバンコクで第二回マレーシア剣道大会があってその審判と剣道指導で行きましたとき、向こうで指導していた日本人の先生に、剣道は戦地で役立ったかと質問されました。「役立たなんだ」と答えました。私は野砲じゃったからね。

岡村　剣道そのものではなく、剣道修行で培《つちか》ったことが、たとえば体力維持などの上でプラスしたということはないですか。

石原　こんな体験がありました。なにしろ私どもは食糧がありませんでね。南緯五度の土地ですから暑くて、「衣」は褌《ふんどし》一本あれば事足りるし、「住」も芭蕉の葉や蔓《かずら》なんかを使って十分間もあれば雨露がしのげるくらいの即席小屋を作ることができたから、これもまぁ困らなかった。困るのは「食」です。どんなものを食べていたかというと、コプラ（ココ椰子《やし》）を擂《す》ったものに柔らかそうな蔓草《つるくさ》をまぜて海水で炊いたものでした。コプラの脂肪分でカロリーを摂《と》らなんだら、骨と皮になってしまうんです。ところが、下痢のひどいときにこれを食べると必ず死んでしまう。現に、そういう兵隊がたくさんいました。だから、そんなときは、我慢しぬいて、決して食べないようにします。忍耐の要ることでしたね、これは。剣道の稽古で身についていたねばり、持久力があのとき私を救ってくれたと言えましょう。

岡村　剣道は瞬発力（集中力）・持久力・判断力・決断力（実行力）・調整力（コントロール）の五つの要素から成り立っているということについては前回にもお話がありましたが、そのうちの一つの持久力ですね。

石原　もう一つだけ戦地での体験を述べさせていただきましょう。ジャングルの中で陣地移動して何抱《かか》えもある大きな木の下で五、六人で一服しようとしたときでした。私は「ヒュッ」という爆弾の落ちる音を耳にした瞬間、眼と耳をおさえて伏せた。その伏せたところが、大木の根っこの穴じゃった。あたり一面が一瞬にして焼野原になりまして、私を除いて皆、煙となって消えてしもうたんですわ。死骸も残らんように、ふき飛び散ってしまったのです。私だけが、かすり傷一つ負わなかった。いま思いますと、これも剣道で培ったもの(勘)が私を救ってくれたのかもしれないですね。

岡村　瞬発力、判断力、決断力が凝集された一瞬だったのでしょう。ところで、先生はご高齢で癌の手術を受けられた、とうかがっております。お差し支えなければ、剣道に関わる範囲でお話を頂戴したいのですが。

石原　胃癌の手術で、七十四歳の時でした。執刀医は剣道五段の先生だったのですが、私としては手術後の身体が剣道できんような身体になるのは何とも情けないという思いがありました。それで、この齢で無理かもしれんが、剣道は死ぬまでやりたいので何とかそういう手術をお願いできないものかと申したんです。

岡村　お気持ちはよくわかります。で、どうなりました。

石原　そうしましたら、胃を全部摘出したらとても剣道などできるものじゃない、ということになって、入念に周囲の細胞を検査した上、少しでも残すようにはからってくださいました。それから、高齢ということで、先生が作ってくれた特別のメニューにしたがってリハビリを続けてから手術に臨みました。結局、四分の三を摘出されたんですが、手術から三日目にはもう部屋の中を歩いておったし、四日目には外科病棟の廊下を一周しておりましたな。退院したらだいたいは散歩で体力を戻していくことになっているが、私は散歩ぐらいでは、よう満足できんで剣道をやりました。「体当たりをしたら痛むから」と先生に言われて、最初は少年相手、これは守りました。それから女子を相手に稽古して、やがて高校生とやるようになった。その頃は体当たりしても、もう痛まんようになっておったね。消化器系の手術をした後というのは食物が胸につかえる感じがあるものですが、剣道の稽古をやるとすぐにそれもなくなりました。

剣道って、ええもんやな、とあらためて思うたですわ。私は肩が凝っても、足が痛くても、剣道をやると治ってしまうんです。

岡村　先ほど「剣道は妙薬だ」と言われました。剣道人を勇気づける、千金に価《あたい》する言葉ではないかと思いますが、今はどれくらい稽古されているのですか。

石原　週に四、五回ですから、三日のうち二日は稽古をしている勘定になります。

岡村　もうだいぶ前のことですが、私は身心の疲労がたまって身体を具合悪くした時期がありました。そのとき小川忠太郎先生（範士九段）からお手紙をいただいたのですが、その中に「健康を維持することも剣道修行の一つとして大切なことだ」という意味のお言葉があって、非常にありがたく感じたことを覚えています。石原先生のお話をうかがっていますと、健康というものを本当に大事にして剣道をされていることを感じますし、実際、剣道が先生の健康維持に役に立っていることが確認できたのですが、一方に、そうでない方々がいるのも事実です。剣道をやったがために健康を害した、という方たちですね。表現は適切でないかもしれませんが、健康にとって好ましくない剣道というものも存在するのでしょうか。

石原　何をするにしても人間、体が資本《もとで》でしょう。健康をないがしろにしたら、剣道修行は必ずいつか挫折してしまうし、逆に言うと、挫折するようでは修行とはならない、と考えます。にもかかわらず健康をそこなうのは、一つには早く強くなろうと急ぎすぎるからです。今朝も稽古を終えて師範室に入ったとき、そんな話が出た。強くなるにはどうしたらええか、というんですな。「自分の今の調子を落とさんようにして、長いことかけて自然に弱点を直していくこと。とにかく急ぎすぎてはいけない。急ぎすぎたら、今の良い調子がなくなって苦しい剣道になってしまう。苦しい剣道をしていては、必ず別の悪いところが出てくるし、剣道そのものが小さくなる」というようなことを申しました。修行というものは楽しくあるべきものです。苦しい修行は健康に良くない。

岡村　修行は苦しいことでなくて、楽しいことなのですか。これはまた、素晴らしいことを教えていただきました。

石原　楽しい修行をしておれば長続きしますし、技も上達するんです。

岡村　武専での稽古は楽しかったですか。

石原　楽しゅうないですよ、それは(笑)。前にも言いましたように、元立ちに立つ人数と、我々生徒は同人数で、徹底したマンツーマンで鍛えぬいたのが武専の稽古でした。今のように拍子木や笛の合図で全員同時に稽古が終るというものじゃない。「参りました」と言っても、やめさせてくれんのですわ。しかも、一本一本の稽古は死線をさまようような稽古が毎日続く。元立ちが待ち突きのつもりでいるところへ、身を捨ててとび込めというのは、そりゃあ無理でしょう。怖いんですもの。けれども怖がっていると足がらみなんかかけられて半殺しの目にあわされる。捨て身の技が出たら、やっとやめさせてくれる。そういう稽古を毎日くり返しておって、理論などはほとんど教えてもらえんのです。こんなことで剣道の専門家になれるもんか、と幾度やめようと思ったかしれない。とにかく生きるか死ぬかのそういう稽古じゃったから、楽しいわけがないですよ。けれども、修行とは楽しかるべきものだ、ということがわかってきたのは、ごく最近のことです。

岡村　修行の楽しさがわからず、苦しいままで挫折する、あるいは亡くなるということは、あり得るということになりますね。それはよろしくないと、いまは考えておられるのですね。

石原　それはあまりにも、もったいない。そう思います。

高齢者の剣道

岡村　先生の剣道講話には、「中庸《ちゅうよう》」という言葉もよく使われます。中庸といいますと中間とか平均とかという意味に解されがちですが、漢籍の「四書」の中に『中庸』というのがあります。そこでいうところのそれは、その場その時に最も適切妥当なこと、つまり最高の価値といった意味あいですね。中庸ということと健康維持とは、どこかでつながっているように感じるのですが、いかがでしょう。

石原　剣道は、やりすぎても足らなさすぎてもいけない。年齢を無視して無理せずに、しかも同時に充実した稽古ができているようにしたい。そういう意味で私は「中庸」と申しているんですが、もちろんそれは健康維持に大いに関わりのあることだと考えています。

剣道の上達には道場の空気、雰囲気といったものが不可欠であることは、前回述べましたね。道場の空気がピーンと張りつめたものであれば、指導者が求めずして修行者の稽古はおのずと充実したものになるし、したがって上達すると思うんです。ところが一方で、その空気に呑まれすぎて、あるいはかきまわされてしまって、つい、稽古が度を過ぎたものになることが往々にしてあるでしょう。これはケガのもとにもなるし、健康にも甚《はなは》だよろしくないんであって、中庸ということを心がけねばならんところですね。

岡村　道場の空気、雰囲気をこわさないように、自分を高める気持ちをもって、各自が自分をコントロールしなければいけない。こう受け取ってよろしいですか。

石原　結構です。少年剣道の場合は、その辺は指導者が調整せんといかんが、大人の場合は各自がコントロールする必要があります。このことはとくに高齢の方々に声を大にして申しておきたい。中庸を度外視した稽古は寿命を縮めます。寿命を縮めるような剣道はいけませんよ。

岡村　最近の先生の稽古時間はどのくらいなのですか。

石原　西大寺武道館での朝稽古は正味三十分ぐらいかな。岡山武道館では一時間ほど行なっております。高齢者の稽古は、時間は短かいほうがええ、と思います。長いと、どうしても疲れが残ってしまいますから。

岡村　量より質の稽古が大切だということですね。その質を重視する稽古ということでは、どのようなことを心がけておられますか。

石原　一つには、守りにまわらないということです。守りにまわった剣道は役に立たない。活力は生まれない。よって、老化防止の妙薬とはならんのじゃね。ですから、無理はせんが、気迫はいつも烈しいものでなければならんのです。

一般に私くらいの年齢（八十二歳）になると、胸を貸して稽古をつけてやっている、と思われがちですが、私はそういう稽古はしない。胸を貸す、すなわち受けにまわると自分の剣道が崩れます。剣道が崩れると、老醜《ろうしゅう》をさらすことになる。老醜が出たらおしまいと思っておりますから、私は少年相手に稽古するときも、いつも胸を借りるつもりでやっています。

岡村　凄いことですね、それは。なかなか容易なことではないと思いますが、老醜が出ないようにするには、ほかにはどのようなことが大切なのでしょうか。

石原　省略ということです。無駄打ちを省略する。無駄な動作を省略する。たとえば打ち込んだ直後に振り向いて相対するとき、回転するための足運びに何歩も要していたのを、スッと一歩で行なうように変える、といったようなことですね。それから、それまで多彩な技を出しておったのを、だんだんと省略していくことです。

岡村　よく思うことなんですが、剣道は最初のうちは基本と称して、単純なことを体得するようになっていますね。それが技術の点で次第に複雑になっていくのですが、それを越えると、その複雑なものが単純なものに収束《しゅうそく》していく。しかもその単純は昔の単純へ戻ったのではなく、複雑を超えた単純なんですね。そういうことを高段者の剣道を見ていて、よく感じます。

石原　それは段階を踏んでそうなるのであって、途中の段階を飛び越えると必ずあとでそれが障害となるということを、忘れてはならない。「今の若い者は試合に勝つことばかり考えておる」と、よく言われますな。しかし、試合に強いということは、それだけ勘が鋭いということであって、これ自体は悪いことじゃないどころか、そういう大切な段階は踏んでおかねばならんのです。稽古でいえば、五段くらいまでは仕掛け技を十分習得しておかにゃならない。そういう段階を経《へ》ないでの省略は本当の省略とは言えません。言ってみれば若年寄りのような剣道は先ゆき大成はおぼつかないでしょうな。

岡村　そうしますと、一概には言えないでしょうが、六段くらいから、そろそろ省略をきかした剣道を考える、ということですね。

石原　自分で老化を感じ出した頃です。ただし、省略をきかしても、打たれちゃ駄目ですよ(笑)。あるいは一本か二本打たれても、自分が打った一本でその全部が消えてしまうようでなくてはならない。要は完璧な有効打突を求めるということです。それは相手が「参りました」と真に認め、自分も同時に心から満足できた有効打突、九十五点でもない、百五点でもない、文字どおり百点満点の有効打突をいいます。

岡村　相手も自分も肝胆相照《かんたんあいて》らすような一本ということですね。しかし九十五点の一本であってはならないのはわかりますが、百五点でも駄目というのは、どういうことでしょうか。

石原　竹刀は、あくまでも刀《とう》でなければいかんということです。百五点は打ちすぎであって、刀ならば刃こぼれしましょう。百点満点の有効打突は、高校生でも三段ぐらいになれば納得できるものです。高校生を「参りました」と言わせるのは大変なことですよ。

岡村　それは本当によくわかります。自分が百点と思った技でも、高校生、大学生は「参った」とは言わない。相手が認めないというのは百点ではなかったのかもしれません。六段、七段級の相手のほうが、その点かえって決まりがいいようですね。先生は高校生とはよく稽古なさるんですか。

石原　時々「今日は高校生とやる」といって、前もって宣言しておいて稽古するようにしていますね。非常に役立っていますね。若さが吸収できるということでね。高校生から若さをもらって、私はずいぶんありがたいと思っている。

岡村　お話をうかがっていますと、剣道は先生にとって老化防止の妙薬を越えて、人生の妙薬といった趣《おもむ》きがありますね。ともかく先生は年齢相応の剣道、健康のためになる剣道を早くから真剣に考え、また実践されてきたわけですが、工夫した一つのことに、呼吸法があったと聞いています。これについては追い追いうかがっていこうと思います。今回も啓発すること大であるお話をたくさんうかがえて、感謝致します。

平成17年５月、第101回全日本剣道演武大会にて立会をつとめる

第三話「心気身眼技」一致への道標

五要素の表現

岡村　前回は健康と剣道というテーマとの関わりで「高齢者と剣道」についてのお話をうかがうことができました。大変反響がございまして、とくに高段者の先生や剣道をバックアップされている方から私のもとにも「非常に有意義な内容だった」といった感想のお便りがあり、聞き手の私も大いに激励された次第です。そこで今回は「年齢に応じた剣道とは」という命題を念頭に置きつつ、お話をうかがってまいりたいと思います。いつでしたか、新聞のコラムに相撲の九重《ここのえ》親方（元横綱千代の富士）が、「三年先の稽古」という言葉で、先々のことを考えた稽古を今しておくことが大切だ、といった内容のことを書かれていました。剣道も、体力があり身体もよく動いて多彩な技がこなせるようなとき、これらが衰える次の段階の自分を視野に入れた稽古が必要なのではないか。そう感じたものですが、石原先生は以前から「十年先の剣道」を考えて修行することを皆さんにすすめておられます。先生がそのお考えに至ったのは、いつ頃ですか。

石原　それが、遅いんですわ。もっと早《はよ》うにわかっとればええんじゃったが(笑)。
　これにはヒントになったことがあって……。六十歳のときだから今から二十二年前のことですが、あるとき長崎の小島主先生（範士九段）と、ある宿舎で碁を打っておったとき、私は「先生は今年古稀《こき》（七十歳）を迎えられましたが、稽古でこれまでと変わったところが何かございますか」と質問したのです。小島先生は「妙なことを聞かれたなぁ」と、ちょっと考え込まれて、「そういやぁ、ちょこっと腹に力が入らんごつなったバイ」と、おっしゃったんですな。頑健そのものであった小島先生のような方ですら、七十を数えればそうなられるのか、と意外の感がありました。
　そこで、思うたんです。俺は七十になってから七十代の剣道を工夫するのでは間に合わんじゃろう。十年先の自分に役立つことで、今から稽古で工夫すべきことが何かありゃせんかなぁって。剣道の奥深いところが少しずつ見え出したのも、それを考えながら稽古するようになってからです。
岡村　容易ならざることですね。そういう長期的な剣道観に立って日々の稽古に臨むのは、なかなか難しいことではないかと思いますが、中高年の人たちに対して、普段、先生がとくに力点を置いて教えられていることをお聞かせいただけますか。

石原　力を上手に抜くことを工夫する。それがまず大切です。

岡村　力を上手に抜きなさい、ということですか。……しかし、その教えにはいろいろな難しい含みがありそうですね。

石原　たしかに難しいことじゃあるけれども、年をとってこれを考えて稽古せなんだら、剣道が老化を進めてしまう結果にもなりかねない。言われるように、上手に力を抜くということには高度の剣道の理《ことわり》が含まれていますが、これは本当は年齢にも、あるいは段位にも関わりなく、剣道を楽しく長く続けていく上で非常に大事なことだと私は考えているんです。話をわかりやすくするために象徴的な例を引きますと、竹刀を持ったことがなくて中高年から剣道を始めた方たちが、尊いことに、たくさんおられますね。そういう方々は、指導されたことを頭で理解する分はさすがに早いんじゃが、稽古となると力《ちから》剣道といいますか、カチンカチンの剣道になることが多うございましょう。一つには、そういう稽古をしないと満足感が得られない、ということもあるのでしょうね。とにかく構えから竹刀の握り、捌きなどに至るまで力が入りすぎている傾向がありますし、打ちに至っては、打たれた相手が痛くてかなわんような、火の出るような力まかせの打ちが多い。こういう稽古をしていては、だいいち肩も凝ろうし、くたびれもするんじゃなかろうか、と傍《はた》で見ていていつも心配しておるんです。
　これは身体が固いところにもってきて、下半身の捌きを度外視して上体だけで剣道の「しごと」をしようとする、などの要因でそうなりがちなのですが、体力の消耗が甚だしいわりには、これでは上達が遅れて、剣道が楽しいものになりにくい。剣道はね、力を入れるのは易《やす》いんですよ。難しいのは、力を上手に抜くことなのです。これを工夫しているうちに、おのずと「気剣体一致」の剣道に到達できるようになっとるんですな。

岡村　それぞれの年齢に応じて、「上手に力を抜くこととは」という問題意識をもって稽古することが、生涯剣道を志す上でもまずは不可欠だ、ということですね。ところで、いま「気剣体一致」というお言葉がございましたが、戦前は「心気力一致」という語がもっぱら用いられていたように思います。二つの用語を同一に使っている人とはっきり分けている人がおられるようですが、いかがでしょうか。

石原　これは異論の多いところだと思いますが、管見《かんけん》を述べさせていただくと、「心気力一致」の意味あいは高度で、深味があって、幅広い内容が含まれていると思います。あえて申せば、武道的要素の色濃い剣道にいう理念が、この言葉に集約されてい

図B　剣道の組立て

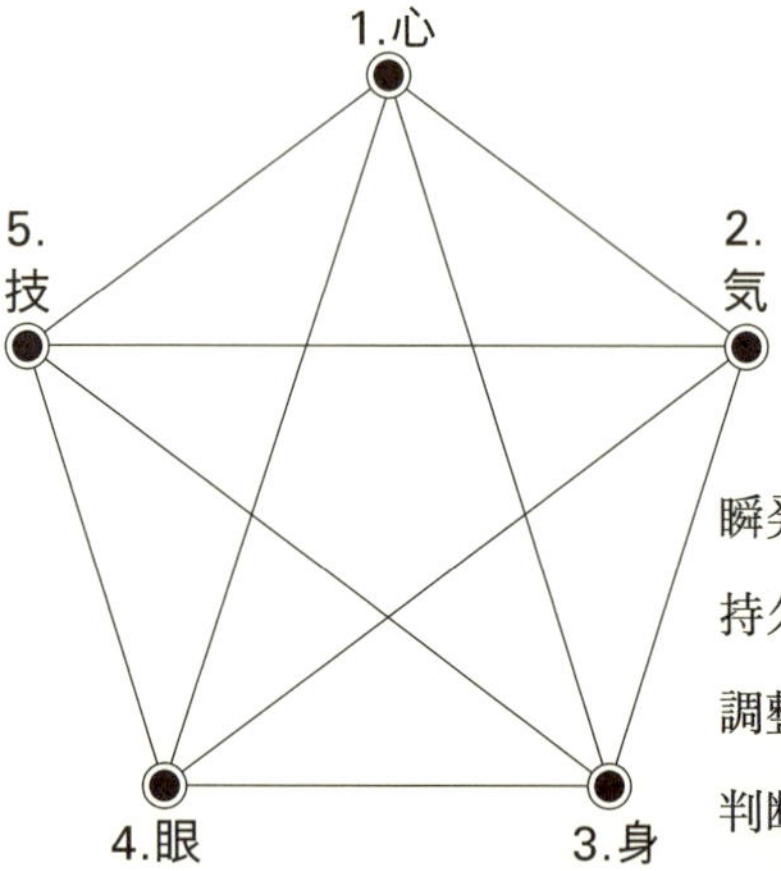

瞬発力ー1～5
持久力ー1、3
調整力ー1
判断力ー1、4
決断力ー1、2

る、といえるかもしれません。それをスポーツ的要素の加味された剣道で、初心者向きに示しているのが「気剣体一致」という理念でしょう。ですから、同じ意味だといえばいえるのですが、表現が異なっておるのだからその意味あいにも違いがあるはずだ、という意見もあります。重ねて申し上げておきますが、これには異説が多いようです。

岡村　先生は、指導の場ではどちらを用いられることが多いのですか。

石原　どちらでもない、ということになりましょうか。といいますのは、「心気力一致」というのは、きわめて省略をきかした言葉であって、なかなか子どもたちには意味するところが伝わりにくい。そこで私は「心《しん》気《き》身《しん》眼《がん》技《ぎ》」の一致というような言葉を使っております。

千葉周作の北辰一刀流の初目録に、「気は早く、心は静か、身は軽《かろ》く、目は明らかに、業《わざ》は烈《はげ》しく」という道歌がありましょう。ひねくれた剣道でなく、天下通用の真の剣道を考えるとき、この五つの要素がその基本であり、しかもこの五つがばらばらでなくて、すべての間にパイプが通してあるすがたこそ望ましい。こう思いまして、よく五角形に図示（図B参照）して、私の組み立てた剣道観をお示し致しております。五つの要素が全部関連し合《お》うて、相互に助け合う関係、相乗《そうじょう》し合う関係を表現する。それが剣道だ、と私は考えております。

心気の工夫

岡村 心・気・身・眼・技の「一致」の剣道とは、そうしますと、この五つの要素にパイプを通すということなのですね。

石原 一つの技を出すにせよ、技だけで決めようとしても決まらない。この五つがパイプを介してすべてつながり合ってこそ、技が立派な一本として完結するのです。その根本はやっぱり心であって、私はよく「心の匙《さじ》加減」を工夫して稽古すればパイプが通るようになるし、真の剣道、善い剣道、美しい剣道を身につけることができるようになる、とも申しております。

岡村　この中の「身」は、姿勢や体捌き、足捌きなどを含むものと思いますが、体格と剣道の関わりについて少しふれていただきたいと思います。剣道界を見ていて、素晴らしいことだなぁと私がいつも思うことの一つは、身体の小さな方で立派な指導者の先生方が、とくに戦前の剣道を修行された方々ですが、身体の大きい先生方にまじって相当おられるという事実です。ご無礼を申し上げますが、石原先生は、学ばれた当時の武専では、お身体が小さなほうだったのではないでしょうか。

石原　私のようにこまいのは、あんまりおらなんだ（註＝範士は現在、身長162cm・体重55kg）。先生方も皆大きな方ばかりじゃったから、私が真似のできる剣道ではなかったです。それで私がまず目標と致しましたのが、武徳会本部の先生だった京都の田中知一先生（範士九段）の剣道でした。田中先生は小柄で、非常な業師でしたね。それから、教職に就いた大阪では、天王寺の武徳殿で稽古されていた越川秀之介先生（範士九段）に、よくお稽古をお願いしました。両先生に学んだことの一つは、足捌きですね。この点では、東京の鶴海岩夫先生（範士九段）の足捌きも懸命に見習って大いに参考にさせていただきました。鶴海先生は身体は私より、うんと大きいんじゃが、足捌きが良くて、お里（岡山県）帰りで私のところ（西大寺道場）に年に一度はお見えになっていたのでお稽古をつけてもらっていたんです。

身体の小さい者《もん》は足を遣わんことにゃ大きい人になかなか太刀打ちでけんから、足捌きの工夫が肝心になりますな。

岡村　私も体格が小さいほうなのでとくに感じるのですが、身体の小さい人が大きい人たちにまじって修行するのは、体力的にいって、つらいものがあるのではないでしょうか。たとえば体当たりされる場合などが頭に浮かぶんですが、小兵《こひょう》の剣道修行に心得ておくべきことは、足捌きのほかに何かありましょうか。

石原　大きな人の体当たりを、小さい人は退《ひ》いて受けてはまず駄目です。相手の体当たりの圧力が最高度に達するその前を崩して受けること。受けることができないときは、躱《かわ》すこと。そうすれば、押されることはあろうが、ひっくり返ることはない。要は、自分がボールになったかのように、柔軟に応じる心づもりが大切です。ついでに言いますと、大学生や高校生に多く見られるが、手元をこちらの首に付けてくる変則的な体当たりがありましょう。その場合は、相手の手元をスッと上げて躱《かわ》せば、ひっくり返ることはまずないはずです。

岡村　「柔よく剛を制す」という言葉は、柔道では死語になりつつあるようですが、剣道には間違いなく生きている。素晴らしいことですね。

石原　剣道には、それが残っとるんですな。まぁ前にも話しましたが、剣道は仕掛け技にしても応じ技にしても、相手との和があってこそ、それが一本の有効打突に結実するということですね。相手に協力してもらって、はじめて一本が決まる、といってもいい。これを理屈でなく実際に遣うことができれば、身体の大小、年齢の高い低い、腕力の強さ弱さなど関係ないんです。竹刀を振る力さえあればよいわけで、こう考えれば、剣道がよほど楽になるんじゃないかな。

岡村　いやぁ、実に「わが意を得たり」のお話で大変参考になりました。五つの要素の組み立てのことに戻りますが、心・気の錬磨というのは剣道修行の中でも「見えない部分」の修行に属するものですね。年齢に応じた剣道を考えるとき、この見えざる部分の修行に、どのあたりから入っていけばいいのですか。

石原　心気の工夫ということは、年齢、段位にかかわらず、どの時点で意識しても結構です。ただし、五段くらいまではすべての技がこなせるように、技術の錬磨を怠ってはならぬことは前に申しておきましたね。

岡村　先生ご自身はいつ頃から意識されるようになったのですか。

石原　遅かったんですなぁ、これがまた(笑)。きっかけとなったのは、持田盛二先生(範士十段）にお願いしたお稽古でした。持田先生が七十三歳（かぞえ年）で私が四十一(同)のときだったと記憶しているのですが、その年に各県の指導者が東京で一週間の合宿をしたことがあって、そのとき持田先生に先生方が稽古をつけていただいた中に、当時七段の私もまじっておったんです。私の前に八段の先生が何人か掛かられた。九段の先生も掛かって行かれたんじゃが、皆二、三分しかもたんのですわ。すぐに切り返しとなって終ってしまう。私は、これは先生方が遠慮されているんじゃなかろうか、と最初のうちは思いながら見ていました。「昭和の剣聖」と称されるほどの大先生でもあり、お年も召されておられるから、先生方は「おべっか稽古」をしているのではないかと疑っていた。ところが、見ていると、どうもそうではなさそうなので、今度は「ひょっとしたら、持田先生、催眠術のようなものを遣われているのでは」と思うようになったんです。

そうするうちに、私が掛かる番になった。持田先生より三十二も私は若かったからね。「よおし、恰好なんかかまわんで、若さに物をいわせて、とにかく一本でも頂戴しよう」って、そりゃあ意気込みましたよ。ところが、蹲踞して立ち上がった瞬間、もう、半分は息が上がってしもうたんですわ。

岡村　まったく打ちが出なかったのですか。

石原　いや、最初は意識して一、二本出してみたんだが、かすりもせなんだ。とにかく剣尖が利《き》いていて、「打つ」の「う」のところでこちらは殺されているといった感じなのだね。それから、先生がずいぶん遠くのほうに立っておられるかと思うと、すぐ眼の前におられるような感じもありました。なにしろ覚えているのは初めのごく短かい間のことだけで、あとはもうぜぇぜぇ息が上がったばかりで、何が何だかわけがわからなかったんです。

岡村　持田先生といいますと、片手突きが思い浮かびますが。

石原　そう、その片手突きが来るのは、来るぞ、来るぞとわかるのはわかるんですが、こちらは動けないのだから仕方がない。

　私はね、持田先生から「石原君、打つばかりが剣道ではございませんよ。もう少し心気の工夫をしなさい」と、現実には先生は何もおっしゃらなんだが、そう言われたような気がしたのです。その無言の啓示が、それからずうっと自分から離れなかったですね。

直観と剣道

岡村　そうしますと、先生は四十余歳からの修行に心気の工夫を加えるようになられた。そして、六十歳の頃から十年先の剣道を考えて修行されるようになったというお話ですが、一言で心気の工夫といっても、到達段階や年齢によって変わってくるものなのでしょうね。

石原　「心」と「気」とは、沢庵禅師の『理気差別論』に「人の身に気と申物《もうすもの》、心の外にあり」などとあるように、別々のものなのです。現在の私の理解でいえば、気というのは心から発動するもので、「気は早く」と周作の道歌にあるように、能動的な働きを特徴とするということになります。ですから、やはり大本《おおもと》は心法の工夫ということに行きつくのですが、これが容易じゃない。持田先生より尊い啓示を受けてから、いろいろな本を読み、なかでも宮本武蔵の『五輪書《ごりんのしょ》』は何度読んだかわからんぐらいだった。ところが、読んでいるぶんはわかったようなつもりになれるんじゃが、稽古の場でその感じがつかめた、というようなことはなかったんですな。ようやくそれが吸収できたと自分で得心《とくしん》できるようになったのは六十を過ぎてからのことです。

たとえば『五輪書』の「水之巻」に、「兵法心持《こころもち》の事」という教えがある。「心の持ちやうは、常《つね》の心に替《かわ》る事なかれ」と冒頭にあるように、これは平常心について述べている。しかしそれは、人が生まれながらに具《そな》えている平常心ではなく、「智恵も心もひたとみがく(磨)事専《せん》也」と説かれていることからしても、練り磨き上げられた平常心でなければ使いものにならん、ということになるのです。また、「静かなる時も心は静かならず、何とはやき時も心は少しもはやからず」云々、とあるのは「静中動」「動中静」の理をいったもので、心と気とのバランスを調《ととの》えるということでしょう。このくだりは、一時私の心気の工夫の大部分を占めておりましたね。

岡村　それから、「心を広く直《すぐ》にして、きつくひつぱらず、少しもたるまず、心のかたよらぬやうに、心をまん中におきて、心を静かにゆるがせて、其《その》ゆるぎのせつなも、ゆるぎやまぬやうに」とも書いてありましたね。

石原　そう、そこですね。心を「静か」にしておくだけで「ゆるがせ」なんだら、受けになってしまう。だから、ゆるがせたら、ええんですわ。

岡村　お話をうかがっていますと、先生は『五輪書』から多くのものを吸収されたわけですね。『五輪書』には現代剣道に通じる教えがあるということになりますね。

石原　そのとおりです。書かれていることが全部、自分の剣道に役立ちました。とくに六十代からの剣道に役に立ったな。

　だが、いま言った「心をゆるがせる」ということですが、これを稽古しておると、だんだんと手元にそれが出てきてしもうて、「これはいかんな」と、あるとき思って、それはやめてしまいました。七十歳になったときじゃったが。

岡村　それはまた、どういうことなのでしょうか。

石原　結果的に「無心」になれたらええ、ということです。まぁ、その頃からわかってきたのですが、心気の工夫というけれども、工夫しておる間はまだまだ剣道の役に立たんのですな。工夫したものを全部忘れてしもうて、しかも無心にそれが遣えて、はじめて本当に役立つものになるんじゃ。

岡村　無心。うーん、そうですか。それは先生がよくいわれる「澄みきった心」と同じようなものと受け取っていいでしょうか。

石原　同じことです。心が澄んでおらなんだら、相手の心の働きが自分の心の鏡に映らんでしょう。武蔵のいうところの「観《かん》の目」が働かんからね。

岡村「兵法の目付《めつけ》という事」にある「観見《かんけん》二つの事、観の目つよく、見の目よはく」という教えですね。

石原　そうです。それから、心法について付け加えておくと、心を養い育てること、心の涵養《かんよう》ということがいつも大事なのはいうまでもないことですが、その要諦というものがあるとすれば、それは「自分に克《か》つ」ということだと思います。剣道は攻め勝つのでなくてはいかん。受けにまわっては駄目です。しかし、攻め勝つと同時に、自分に克っとらなぁいかんのです。自分に克つとは、自分の情緒支配が万全に出来《でけ》てお るということです。

岡村　自分に克っている状態で、しかも攻め勝っているということですね。その自分に克っている状態というのが、動かされず、迷わされず、恐れない心を自分の中に創り出すということだとすれば、その方法は何かという問題が残りますね。どうしたら、そういう心が創られるのですか。

石原　それは、うーんと唸って心だけを工夫しておっても駄目でしょうね。先ほど申し上げた五つの要素のバランスを調えることで、そういう心を組み立てるということになるのではないかな。

岡村　お話をうかがっていて、唐突なんですが、「直観」という言葉が思い浮かびました。評論家の小林秀雄氏と数学者の岡潔《おかきよし》博士（いずれも故人）に『人間の建設』という対談がありまして、その中で「直観」ということがしきりに論じられているんですね。非常に印象的に憶えておりますのは、創造性というものは生来の動物的直感ではなくて、修錬や修行で練り磨き上げられた直観から生まれるのだ、ということです。先生の五つの要素はパイプを通してつながり合って、そういう練り上げられた直観として働いて剣道に生かされるということになるような気がするのですが。

石原　そうだね。練り上げられた平常心、練り上げられた直観が、最終的には剣道、さらには人生に生きる、ということになるのでしょうね。そこのところを宮本武蔵は「萬理一空《ばんりいっくう》」といい、「空を道とし、道を空と見る所也」と説いているのではなかろうか。

岡村　剣道も年齢に応じた稽古を精一杯行なっているうちに、そういうところが見えてくるものなのでしょうね。直観と剣道ということについてはもう少し立ち入っておうかがいしたいのですが、それは次回以後にゆずらせていただきます。ありがとうございました。

武道専門学校入学当時の石原忠美（後列右端）。
前列左から２人目が範士十段小川金之助先生

第四話 「ため」のうちに剣の妙用あり

攻めの目付

岡村　「心気身眼技《しんきしんがんぎ》の一致」を求めるのが剣道の大本《おおもと》である、というお話を前回おうかがい致しました。今回はその中の「眼」、目付《めつけ》について補足していただくことから入りたいと思います。石原先生がご自分の剣道に大いに糧《かて》となったと言われる宮本武蔵の『五輪書』に、「観」と「見」の二つの目付のことが説かれていることには、前回に少しふれていただきました。「観」は、いうところの心眼、敵の心を観《み》る目付、「見」は目で見るところ、つまり敵の外面に現われたところをみる目付、というふうに理解しているのですが、「観の目つよく、見の目よはく」と武蔵が教えている意味あいは、どういうことでしょうか。

石原　これは目付だけのことではないのですが、剣道の攻防は「鈍《どん》」であってもいかんが、あんまり「敏《びん》」でありすぎても良くないんですね。どういうことかと申しますと、目付でいうと相手の外の働きをいちいち鋭敏に見とっては、だいいち、恐ろしゅうなるでしょう(笑)。自分も攻めているが相手も攻めておるんじゃから、それがあんまり見えすぎてしまったら、恐れがそこに生じることになる。

岡村　よくわかります。恐れ、そして迷いですね。今のお言葉の意味として、見えたところすべてをそのまま信じてしまうのも良くない、ということも含まれますね。

石原　そうです。相手に引き回されて、迷いが生じるということになりかねません。ですから、「見の目よはく」であり、武蔵の別の言葉でいえば「大きに広く付くる目付」であって、ちょうどいいのです。春の広い野原をうらやかに見わたすような目付じゃね。

では、「見の目よはく」するにはどうしたらいいかというと、そこが「観の目つよく」というところでしょう。見の目を強すぎないようにするために、つねに観の目、心眼を強く研ぎ澄ましておかねばならない、ということになるんですね。

岡村　観見二つの目がいつも一体となって働いていなければならない、ということですね。けれども、とくに「観の目つよく」するのは誰にとっても容易ではないことでしょう。稽古で百錬自得するしかないわけでしょうが、何か工夫のヒントとなるようなことがありましょうか。

石原　観見の目付は、剣道形の稽古で培うこともできるはずです。それから、これは八段審査を受ける方々によく申し上げているんですが、審判を務める中でも養うことができるんです。審判は選手に引きずられるままに動いて見ているようでは、技を見落としてしまう。これは『剣道試合・審判規則』には書かれてないけれども、審判は常に選手よりも先《せん》の気構えを持っておって、観見二つの目を研ぎ澄まして選手が動くよりも前にそこへ行って、止まって見ておらなんだらいかんのです。

ですから、審判するのも稽古するのも一緒です。とくに目付を向上させるのに、審判がかけがえのない稽古になることを、上位の方たちは心得ておいたほうがよいと考えます。

岡村　「観見二つの眼をとぎ、少しもくもりなく、まよひの雲の晴れたる所こそ、実《まこと》の空《くう》としるべき也」とは『五輪書』の中の言葉ですが、恐れや迷いのない、くもりのない鏡のような心に相手の心が自然と映る。目付も、極まるところはそこにあるのでしょうか。やはり剣道は奥が深いですね。

石原　そうですとも。「実《まこと》の空」というのは、意味を捉えがたい言葉のようですが、無心、不動心、あるいは平常心をいっているのではないでしょうか。それも、稽古で練り上げた平常心でないと役に立ちません。しかし、平常心をあまりに重視しすぎるのも剣道には好ましいことではないんです。

岡村　それはまた、どういうことですか。

石原　うっかりすると、受けの目付、待ちの目付になりかねない。受け、待ちの目付になればなるほど相手の心身の動きがよく見えるんじゃが、相手に少しでも攻められると、「見れども見えず、聞けども聞こえず」といった、バランスの崩れた目付に一変しかねないのです。また観見で見すぎてもいけません。重要なのは、攻めて――機を見――機を知り――機をつくり――機を打つ、この五つが一拍子（攻め打ち）であることです。

　剣道は、やはり一瞬一瞬に、攻め勝っていなければならない。攻め勝っている一瞬一瞬の連続が有効打突として完結する、というのが理想的なのであるから、観見の目付も攻めの効いた目付でありたいものです。そうしますと、打突の前のつくり、間積《まづも》りや機会といったことにひらめき、あるいは勘（第六感）が働くことになりましょう。

岡村　攻めの気をもった目付が大切だ、ということですね。攻めないでいて観見の目付を頼りにしすぎてはいけない。常に攻めていて、相手の変化をも含めて観る観見の目付でなければいけない、と受け取ってよろしいでしょうか。

石原　いいですね。

岡村　そこで、さらにお聞きしておきたいのは、その「攻め」ですね。よく剣道では「攻めが効いた」といった言葉が使われるのですが、いざその内容に立ち入ってみると、具体的にどのような状態をさして「攻めが効いた」といっているのか、なかなかわかりにくいのですが、いかがでしょうか。

石原　あのね、ひとつ大昔の話を致しましょう。私が武専を受験しに行ったときのことですが、ある先輩から、「今日は武専の稽古があるから見学しに来い」と言われた。行くと、「あの先生が有名な小川金之助先生（範士十段）じゃ。よう見ておきなさい」と先輩が言うんで、私はその当時三段じゃったが、じいっと見ておった。ところが、ひとつも良《よ》うないんですわ（笑）。ゆっくりしておってね。私には、いきのいい稽古を見せた三、四年生のほうが、なんぼか強そうに見えた。

　ところが、そのあとじゃった。小川先生に宮崎茂三郎先生（範士九段）と佐藤忠三先生（範士九段）が稽古をお願いしたんですが、両先生ともまったく歯が立たんのです。もう、のれんに腕押しといった感じでしたね。傍《はた》から見ておる分にはわからんが、小川先生の攻めが強くて、両先生はしびれたのではなかったでしょうか。

岡村　この場合の「攻めが効いた」ということは、相手をしびれさせた、ということですか。

石原　それが一つだと思います。私事を申しておこがましいのですが、八段を受審されようとしている方々との稽古で、時々、「先生、今日はしびれました」と言われることがあります。そう言われてみて、胸に手を当ててかえりみると、そういう時は自分が無意識に稽古が出来《でけ》ておった時なんだね。

今日は調子がええから思いきり攻めてやろうと、攻めを意識して稽古しても、相手は「しびれた」とは言わんのです。意識した攻めは、剣道には役立たんのですわ。

剣道の難しいところの一つではないでしょうか。攻めは五分五分にとどまっていてはやはり駄目で、六分か七分の攻めでないと、うまくいかんものですが、無意識のうちからそういう強い攻めが生まれるもののようです。

岡村　うーん（しばし呆然）。それにしても、そういう無意識の攻めを習慣づけるのは非常に難しいことだと想像しますが、「しびれさせる」ということのほかに、どんな攻めが考えられますか。

石原　それは三殺法を使うということです。つまり固く（しびれ）させる、四病（四戒）を起こさせる、さらに早く息をあげさせることが攻めの重要な柱になるのではないかと今は考えています。

岡村　剣を殺し、技を殺し、気を殺す、ということをしながら、相手を驚かし、懼《おそ》れさせ、疑いを起こさせ、あるいは惑《まど》わせるということですね。そうなれば「攻めが効いた」といえるわけですね。

石原　近ごろ有難いことに私の稽古姿をビデオに撮ってくれています。それを見て姿勢、足捌き、間合、攻め、技などを第三者となって厳しく検証しております。その結果、攻めが効くということは荒馬を乗りこなすことであると思うようになり、工夫中です。これが少しできるようになり、稽古が今までより楽になったと思います。「ため」を作るにはいろいろな方法がありますが、攻めが効いたら自然に「ため」ができていることですから、これが最高であります。荒馬は、噛む、抱きつく、蹴る、振り落とす等の癖を持っております。これを乗りこなすには上手な手綱さばきがいります。強すぎても、弱すぎてもいけません。ちょうどよい手綱さばきが乗りこなす秘訣であります。

岡村　本当に難しいところですね。

「ため」の妙用

岡村　石原先生はよく、「ため」が剣道に大切であることを教えられておりますが、攻めの効いた観見の目付と、どこかでつながるようにも感じるのですが「ため」という言葉は、なかなか本当の意味を把握しにくい言葉ですね。きわめて感覚的で……。ぼやっとした感じで……。では古今の剣道関係の書物の中で説かれているかというと、そうでもない。「ため」について、今日はゆっくりおうかがいしたいのですが。

石原　まず、「ため」には二通りがあります。「矯《た》め」と「溜《た》め」ですね。「矯め」のほうは矯正《きょうせい》という言葉があるように、正すということにほかならない。剣道に照らしていえば、基本を大切にするということです。段位が上の人でも、たとえば面打ちが面金を打つ形になったり、小手を打つのと同時に受けの身構えになったりするのをしばしば見かけますが、これは竹で物を作るときに竹を火であぶって矯める式に、剣道の基本に忠実に矯正する努力の要るところでしょう。

もう一つが「溜め」ですが、いま言われたように、この「ため」ができてくると、相手がよく見えるようになる。観見の目がおのずと研ぎ澄まされてくるんですね。

岡村 先生が組み立てられた剣道の五つの特性（瞬発力・持久力・判断力・決断力・調整力）の中でいうと、「溜め」のほうの「ため」は、主としてどの要素に関わるものですか。

石原 持久力です。もっと身近な言葉でいえば、我慢する力、辛抱する力、忍耐力ということ。これはもう、老若男女どなたにも具《そな》わっている力なのであって、それを稽古の場、試合の場で磨き上げていくことが大切です。その延長線上に、「ため」ができてくる。すると、剣道のいわゆる「風格」「品位」というものも必然的に具わってくる、ということになります。

今年（平成十年）の第二十二回明治村剣道大会は、五十歳から六十歳までのあぶらの乗りきった八段三十二名のトーナメントでしたが、試合内容は「溜め」が見事にあって、大変感心致しました。

岡村 先生の剣道観をうかがっておりますと、「省略」という言葉が非常に印象的に聞こえるのですが、「ため」の内容の一つは、省略にあるということですか。

石原 おっしゃるとおりで、省略することが、「ため」には不可欠になります。省略とは何かというと、俳句のことを考えるとわかりやすい。

岡村　石原先生は武専時代に俳句と出会われたそうですね。「風白《ふうはく》」という俳号をお持ちだとうかがっております。余談になりますが、表題にある「円相の風光」の風は「風白」の風をいただいているんです。

石原　それは恐縮です。省略ということが剣道にも大事であることを、実は私は俳句から学びました。俳句は複雑な情景を十七文字に省略する。しかも、季題を生かしてね。そして、言外に余韻をのこすでしょう。たとえば、松尾芭蕉に「閑《しず》かさや岩にしみ入る蝉の声」という有名な句がある。ジリジリと蝉の鳴く声を「岩にしみ入る」と置いたこの七文字が、単純化された言葉のうちに生き生きと情景を写している。「荒海や佐渡によこたふ天《あま》の川」も、省略をきかせて大《おお》どかな（おおように静かなようす）情景を表現して、しかも余韻嫋々《じょうじょう》（長くしなやかなこと）として、実に素晴らしい句ですな。

省略とはすなわち、これです。一切の無駄を省き、省くことで焦点が明瞭になるということ。省略することで内容がなくなってしもうては、それは省略とはいえん。省略は削減ではなく、省略することでそれ以前より内容が充実しなければならんのじゃね。

岡村　剣道でいうと、有効打突にならない無駄打ち、足捌きなどでは無駄な動きを省くことを工夫する、というようなことになりましょうか。

石原　そう。それと、前にもいいましたが、上手に力を抜くということです。剣道では、力の入れっぱなしはよろしくない。パンと打った瞬間に手の内が締まったら、力を抜く。ただし、完全に力を抜くんじゃない。必要最小限度に力をのこして抜くのでなくては、次の技も出ないし、次の対応も出来《でけ》んでしょう。

岡村　しかし先生、決まった瞬間に力を抜くというのが、難しいんですよ。なかなか抜けないいんですよ、私も(笑)。

石原　難しいけれども、力を上手に抜かなんだら一つ年とると、ますます老化を進めることになるし、剣道もだんだん崩れてくるんじゃないかな。

　ただ、ここで大事なことは、稽古の切れ目以外は絶対に気を抜いてはいかんということです。切れ目とは、技が決まって「参りました」と相手が言い、自分も満足できる有効打突が一つの切れ目。もう一つは、そのまま続けると隣りに接触してケガをする心配が生じた時。この時はすぐ中断して元に戻るべきだ。それ以外は中断しない稽古、気を抜かない稽古を習慣づけることが大切で、そのように導いてやるのが元立ちの責任でもあります。

岡村　それから、打ちすぎをしないこと、百五点でも九十五点でもない、百点の打ちを工夫すること。それについては前回にお話がありました。やはり、省略の工夫に含まれますすか。

石原　省略があるから百点が生まれるんです。

ただね、若いうちに打ちすぎを省略するのは、すすめられたことじゃないね。省略、省略と私は言いますが、四十歳代ぐらいまでは、そんなことは考えんでええんです。上位に対する荒稽古をみっちりやっておくこと、またあらゆる技を十分に身につけておくことが大事。打ちすぎを省略することなんか考えちゃいけない。そうでないと、多彩な技を習得できんでしょう。自分の剣道を高めるには、稽古の中で「アッ、ここかな」とひらめくことが大切ですし、ひらめいたそのことをその後の稽古の中に習慣づけることから、得意技というものも身につく。そのためには、若いうちに省略をきかした稽古をしていては駄目。荒稽古も、打ちすぎも、やがて卒業すべき時が自然とやって来ます。その時機を見落とさないようにすることです。

岡村　世阿弥《ぜあみ》（能役者）の『風姿花伝《ふうしかでん》』という伝書に「年来稽古条々《ねんらいけいこじょうじょう》」というくだりがあって、年代に応じた稽古をことこまかに説かれていますけれど、剣道も自分の年齢や力量に応じた効果的な稽古を模索しなければならないのですね。「ため」についてもう少しうかがいますが、「ため」を成り立たせている要素としては、省略のほかにはどのようなことがあるのですか。

石原　やはり、内にみなぎる活力といったものが無《の》うてはならんでしょう。省略といっても、内にもともと無いものを省略するわけにはいかんからね（笑）。活力が蓄えられておらなんだら、「ため」は生まれんはずじゃ。私の場合は、武専での稽古が活力の貯蓄、つまり「貯《た》め」につながった、と今は思っています。

武専では週に一回一時間半ぐらい剣道形の稽古をしておったが、先生とマンツーマンでして、息を止めて顔を真っ赤にしてやっていました。金蠅《きんばえ》が目の前を飛びまわるような幻覚を覚えて立ちくらみしたことも一度や二度じゃなかったですが、あの時期に活力、気迫を蓄えることができたのは、良かったですね。

「ため」には、それから「上虚下実《じょうきょかじつ》」ということが大事です。上の力を抜いて下の力を充実させることだが、剣道では肩の力を抜いて腰の力を充実させる、ということになります。若い方たちによく見かけますが、手を伸ばして早く打とうとしているでしょう。そうすると、上体ばかりが動いて、左足が残ってしまう。やはり、軽い部分からではなくて、重い部分、この場合は腰から運動を起こすのが理にかなっているわけで、これも「ため」の要素の一つです。

岡村　「上虚下実」による「ため」、攻めということが重要ということですか。

石原　日本剣道形解説書の審査上の着眼点第六項に「緩急強弱を心得……」とあるのは打ちばかりでなく攻めのときにも大切であります。

柳生流の放つ位「総身の心のたつぷりと渡つて、力みもなく、抜けたところもない、突つ立つたる身……」とあるのは静かな攻めであると理解しております。とかく、強い攻めは行なうが、その後は五分になりがちです。その後も静かな攻めが効いているよう工夫したいものです。

調整力を磨く

石原　こうしてお話しさせていただいていることは、どれも私が稽古や試合で使ってみて私自身に役立ったことばかりなのです。いわば、実体験談のようなものです。ですから、その全部が全部、皆さんの剣道に生かし得るものではないかもしれません。人は十人十色で、体格も性格も、健康状態も千差万別ありますからね。

それを承知で「ため」について補足しておきますと、「ため」は持久力とは分かちがたく結ばれているんですが、ともすると、「ため」が受け、あるいは待ちの剣道につながってしまうことがあるということです。そこで大事なことは、人間誰もが生まれながらにして持っている調整力というものです。時間はかかるでしょうが、この調整力を磨きぬいて、それを使う。

岡村　「ため」が待ちの剣道に流れさせるおそれがある、というのは感覚的によくわかりますね。

石原　故・宮地誠先生（範士八段）は、「ためと爆発」ということをいわれていました。「ため」ができると、どうしてもそれをひきずって打突しようとしがちになる。瞬発力を追求すると、おのずから持久力が養われる。しかし、持久力を追求しても瞬発力にはならない。「ため」は持久力の領域だから「ため」れば「ため」るほど技は出しにくくなる。そこで磨きぬかれた調整力をうまく使って瞬発力に切り換えることが大切です。「ため」ができても、打つときは「爆発」でなければならん。その間でスイッチを完全に切り換えんといかんのです。そのスイッチの切り換えに、調整力を上手に使う必要があるわけです。

岡村　その調整力は磨きぬかれたもの、稽古で練り上げられたものでなければならないのですね。つまり、本能的な調整力とは異なるもの、ということですか。

石原　本能のままの調整力だと、つい消極的なほうに使いがちじゃからね。「今日はちょっと身体がだるいから、稽古を休もう」なんて調整してしまう(笑)。剣道の積極的な攻めに使える調整力は、やはり稽古で磨くものであって、それには時間がかかるし習慣づけが要るんです。

岡村　そういう調整力が身について、はじめて「ため」が有効に生きてくるのですね。「ため」とは何か、そしてその使い方についてうかがうことができましたが、「ため」の作り方についてはいかがでしょうか。

石原　無駄打ち、無駄な足運びを省略する、また、上手に力を抜くといったことは、自分の努力で「ため」を作る法の中に含まれます。ですから、これらは剣道形の稽古でもできるはずです。第二には、相手と自分、双方で「ため」を作る法があります。

攻め合いで主導権をとって、竹刀操作を上手にして、自分には「ため」がある状態で、反対に相手には消耗を生じさせるように工夫することから「ため」を身につけていくということです。

竹刀操作について一言しておくと、相手にしっかりと竹刀を握りしめさせて、逆に自分は握りしめないように工夫することが大事ですね。竹刀を握れば握るほど打ちが出にくくなる。自分が竹刀を握る手に力を入れすぎないようにするには、手の甲の力を使うようにするのも一法でしょう。私自身はこれを実行して、益することが多かったですね。

「ため」を作る心得として、相手ばかりでなく自分も消耗しながらこれを作る、ということを忘れてはならんでしょう。竹刀を操作することも、掛け声を発することも、呼吸をすることにしても、これはみんな消耗することだ。その消耗を回避しては、「ため」を作ることはできない。これは自明の理かもしれんが。

無声にうつる

岡村　掛け声のお話が出ましたので、おうかがいします。最近、子どもたちを指導されている方々から「どうも掛け声を発したがらなくて困っている」という話をよく耳にします。小・中学生だけじゃなくて、高校生にも発声したがらない子が少なくないんです。先生は、どのように見ておられますか。

石原　子どもに声を出させる指導は、非常に大事です。そして発声させることができたら、少年剣道指導の第一段階を突破したも同然だ、と考えます。

岡村　石原先生は今、無声に近い剣道で稽古や試合に臨まれていますが、いつ頃に有声から無声に移られたのですか。

石原　それが前に申しましたように、六十歳のときに小島主先生（範士九段）の示唆を受けて、七十歳代の剣道をぼつぼつ考えるようになってからです。一言でいうと「ため」を作ろうと思ったんじゃが、そこで思いついたのが掛け声を省略する、有声から無声に移るということだったんです。掛け声というものは、それだけで汗をかく。

消耗しますな。それで、これを省略して「ため」を作ろうと思うたんです。古流の形演武を見学していると、「ヤーヤー」というような発声は少ないでしょう。スーッと間合に入り「ヤートゥー」で打つのが多い。剣道でもこれは可能じゃないか。そう思って始めたんじゃが、やってみると調子がなかなか出ない。だいいち、汗も出んし稽古した気分になれん(笑)。打っても決まりが良くないし、スピードも出ない。

岡村　でも、おやめにならなかった?

石原　呼吸法を工夫して成果があったんで、有声に戻さずに今に至っているのです。
　私は六十歳から現在までのおよそ二十年間、剣道の上ではひたすら「ため」を作ってきたように、いま思い返すのですが、呼吸法の工夫は自分の剣道に大変役立ちました。役に立つまで時間はかかったが、そのおかげで自分の剣道の間口《まぐち》も広くなり、少し深くなったように感じますし、何よりも、剣道が楽《らく》になり、楽しくなりましたね。何だか自慢話になって申し訳ないのですが。

岡村　先ほど、人は十人十色だから先生の剣道観の全部が全部ためになるとは限らない、とおっしゃいましたが、私などが壁にぶつかったときにこれを読みなおせば、きっと大きな示唆を受けるだろうと思われるお話ばかりで、ありがたく拝聴しております。「剣道を楽にした、楽しくした」といわれるその呼吸法についてうかがうのが、今から楽しみです。ありがとうございました。

自宅から武道館まで自転車で15～20分。これが稽古前のちょうどいい準備運動になり、ペダルの重さでその日の体調がわかる

第五話 楽な呼吸が剣道を深める

十人十色の工夫

岡村　品格あるいは気品ということをよく剣道では言いますが、前回のお話で、「溜め」が無意識にできるようになると自然に品格といったものも具《そな》わってくる、ということを感じ取ることができました。その「溜め」の内容の一つは「省略」ということで、石原先生の場合は掛け声の省略を、有声ならぬ無声の剣道の工夫をされたというお話でした。一方で、それ以前の段階では掛け声を発することが非常に大切であることを強調されています。宮本武蔵の『五輪書』にも「三つの声といふ事」とあって掛け声の妙用が説かれていますけれど、先生がとくに少年剣士たちに声を出すように指導される理由としては、どのようなことがありましょうか。

石原　掛け声を発するのは少年に限らず、大人でもある段階に至るまでは、もちろん大切です。掛け声は攻めの気持ちを引き出すし、それがひいては技を引き出し、技の冴えにもつながります。また、相手との関係にも影響を及ぼします。ですから、初心の人にはなるべく大きな声を出すように指導すべきでしょう。

そもそも、剣道は息を吐くときに「しごと」をするもの、つまり有効打突になる技を出すものですね。その息を吐くのを声を出すことで行なうのですから、結局、掛け声も呼吸運動に変わりはないということになりましょう。

岡村　その呼吸ですが、これは剣道人ひとしく関心を抱いていることではないかと考えますので、今回から次回にかけて、及ばずながら私が読者の代理となっておうかがいさせていただきます。まず剣道の修行と呼吸の工夫との関わりについて総論的なお話をお願いいします。

石原　呼吸というものは、いうならば人体のガス交換ですね。このガス交換をやらんだら息切れするし、長《なご》うそれが続けば死に至るということになる。まぁ生きておる限り皆、呼吸しとるわけだから、呼吸の方法など、そうやかましいことを言わんでいいはずなんじゃが、剣道ではこれを工夫することが大事なんでね。

よく平常心というけれど、剣道では身を調《ととの》えること（調身）、すなわち姿勢を正しくすること、そして息を調えること（調息）で、心を平常心に調える（調心）のです。呼吸の工夫が大事であって、その呼吸法の大本《おおもと》は禅のそれなのです。

ですから、たとえば試合場で自分の出番が近づいてきたら、私などは準備運動のかわりに呼吸を調えることに集中するようにしています。

岡村　戦前に剣道を修行された高段者の方々は、道場で準備運動も整理運動もなさらない方が多いようですね。大丈夫なのかなぁって思いながら見ている人もいるようですが、道場に入る前に既に皆さん、準備運動は済ませておられる場合が多いのですが、先生はどうされていますか。

石原　西大寺の武道館の朝稽古でも、私は道場では準備運動をしないんですわ。家から武道館までは自転車で二十分ほどなんだけれど、ペダルをこぐのがちょうどいい準備運動になっているようです。道場に入る前に準備運動を済ませておくのは武専時代からの習慣でして、もちろん、人には入念に準備運動をするように指導していますが。

岡村　試合を前に呼吸を調えて血液の循環をよくし心身を調えるということは、中野八十二先生（範士九段）もそうされているというお話を聞いたことがあります。そこでその呼吸法ですが、これはもう、人によって千差万別あるのでしょうね。

石原　おっしゃるとおりで、十人十色です。ですから、自分に合《お》うた呼吸法を各自工夫することが求められる。私は六十歳代で無声の剣道を工夫するようになってから、松本敏夫先生（範士九段）に教わった呼吸法を一所懸命やっていました。

岡村　松本先生といえば、思い出す光景があります。湯野正憲先生に手の内を教えられていたときのことですが、松本先生は湯野先生の手を取って、指の具合など本当に懇切に教えておられまして、後ろでそれを見ていて、この先生は合理的、具体的に剣道のことを考えられておられるのだなぁ、と感動した記憶があります。

石原　先生は「ぼくは専門家じゃないから」と、よく謙遜しておられたが、専門家以上に研究熱心でしたね。稽古も無理な打ちのない、垢《あか》抜けたもので、心から頭のさがるような打ちをいつも頂戴しておりました。

岡村　松本先生の呼吸法とは、どのようなものだったのですか。

石原　鼻から吸って鼻から出すんじゃなくて、唇をうすめてすうっと長く息を吐き出す呼吸法です。こうすると呼気に抵抗がかかって、息が下腹におさまり「溜め」がつくれて確かに良い。これを私は無声に移ったときからやっておったのですが、七十歳代になってからは少し変えました。

岡村　それはまた、なぜですか。

石原　やっぱり、えらいんですわ。胸に込み上げてくる苦しさがあってね。私が松本先生のような体格に恵まれていなかったからでしょう。

それが一つですが、もう一つの理由は、あるとき八段を受審する人と稽古していたとき、「先生の呼吸はわかる」と言われた。これはいかんな、と思うた。相手にわかるような呼吸をしておっては相手に隙を見取られるし、技の起こりも見えてしまうから、剣道に良うないのです。

それで、やや苦しい呼吸法より楽な呼吸法のほうがええんじゃないかと思い出して、ぼちぼち工夫するようになった。四、五年かかりましたが、無意識にその呼吸法ができるようになってからは、剣道が楽になり、それまでより楽しくなりました。

隙のない呼吸

岡村　さて、その呼吸法ですが、どのようなものですか。

石原　剣道形の呼吸法を自分なりに工夫したもので、一言でいうと、舌のつけ根との、、、どぼとけで気道にふたをする。そんなことができるかと思われるかもしれんが、実は皆これを暮らしの中でやっておられる。尾籠《びろう》な例で申しわけないが、トイレで「うーん」と気張ったときの状態がそれに近い。しかし、気張った状態では動けませんから、その少し手前で息を出すのです。こうすると呼気に抵抗を与えることができるから、息が下腹におさまって残るし、こちらの呼吸が相手にわからんのです。

岡村　この方法によると、呼吸が楽になるのですね。

石原　私は楽になりました。しかも、隙のない呼吸に至ることができるんです。先ほども申しましたように、剣道で「しごと」をするのは息を吐くときでしょう。息を吸うとき、あるいは止めたときは虚、つまり隙とみなされる。けれども、この腹式呼吸が自然にできるようになったら、隙が無《の》うなるんです。

これにはヒントとなったことがあります。早稲田大学の安藤宏三先生にうかがったんですが、ウェイトリフティングでバーベルを上げるとき、私は息を止めて上げるんじゃろうと思うとったのが、実はそうじゃなかった。あれは息を吸いながら上げるんだそうです。そこで考えました。それならば、剣道でも息を吸いながら、まぁ打ちは出来《でけ》んとしても相手の攻めに乗り返すことはできるだろう。そうすれば隙がどこにもなくなるはずだ、こう考えたんです。

岡村　ここに先生の書かれた腹式呼吸の図（図C参照）があります。この図を見ながら、お話しいただけますか。

図C　腹式自然呼吸

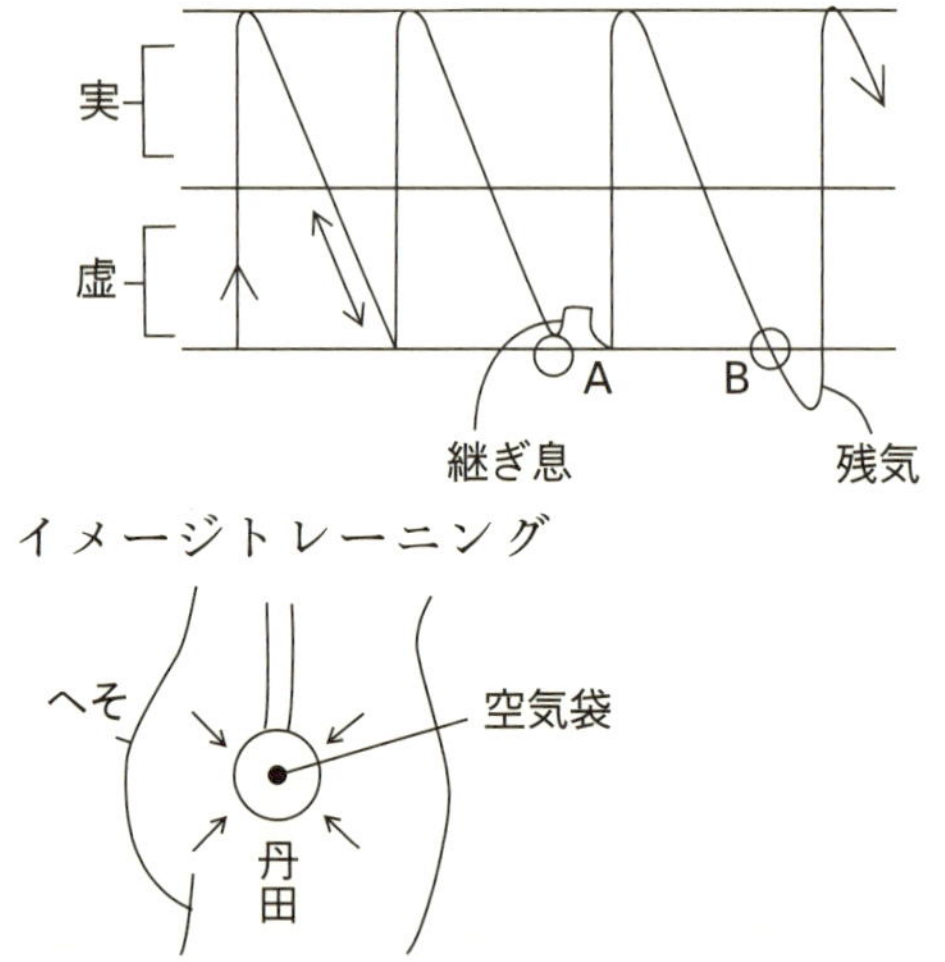

石原　いろいろ書き込みがありますが、それはあとで説明させていただくこととして、まず上の図について言うと、横に中心線が引かれていて波型になっていますね。この波型は上にあがるときは息を吸うとき、下にさがるときは息を長く吐くことを示しています。そして、中心線より上は「実」、下の部分は「虚」とある。「実」とは、内気圧が外気圧より高いとき、「虚」は逆に、内気圧が外気圧より低いときの状態をいいます。「実」のときは技が出やすいかわりに技の起こりが相手にわかりやすい。「虚」にあっては、技は出しにくいが起こりを見抜かれにくい、という実戦上の特徴がある（「虚」の部分の斜めの矢印は、技を出しにくいということを示すもの）。そこでどうするかというと、イメージトレーニングが大切に

なる。

岡村　下の部分に空気袋の図がありますね。

石原　腹式呼吸あるいは丹田呼吸といっても、生理学的に丹田なるものが存在するわけではない。ただ存在するものという仮説のもとに丹田呼吸をやっているのであって、吸った空気は実際には胸に入るのだし腹に入るんではない。そこで、空気袋に空気を入れるというイメージで呼吸するんです。図の虚になれば空気袋の外部を適当に緊張させてそこに空気を入れるイメージだね。そのようにして内気圧を高めるんです。

岡村　身体全体に充《み》ち充ちた状態をイメージトレーニングで創り出す、ということですね。

石原　そうです。そうすると空気を吐いて「虚」になっても十分に技を出すことができます。つまり、いつでも相手に対応できるし、崩れもなくなり、隙もなくなるということになりましょう。

図について補足しておきますと、AとBの二点が示してあります。相手を打たねばならんときは、継《つ》ぎ息《いき》をして打つ場合と、残気《ざんき》を使う場合とがあって、それを示したものですが、私は二つとも試してみましたが、どうも残気を使うほうが自分には合っているように感じました。

岡村　先生、言葉は易しいのですが、内容はちょっと難しくなってきましたね。ここで少し私の受けたイメージをまとめてみますので、それで良いかどうか聞いて下さい。まず、剣道の呼吸は生まれながらに自然に行なっている胸式呼吸ではない。無意識にできるように習慣づけた腹式呼吸で、お腹の中の空気袋に空気を入れる。そしてその空気袋は空っぽにはしないで「ためる」。いつも適度の緊張を保っておく。具体的には下腹が出っ張った感じでへこまさない、あるいはへこまないように維持する。もちろん、このときの緊張の度合いは人それぞれの緩急強弱の違いはあるのでしょうが、その空気を下ろして溜めたまま腹式呼吸で呼吸を続ける。これが「丹田呼吸」というイメージでいいですか。

石原　結構です。

岡村　そこでその丹田呼吸で息を吐いたときに全部は出し切らない。全部は空気を出さない状態で自然に空気が出入りする。もちろん、そのときも丹田は緊張したままですから下腹はへこまない。吐きながら、攻めることや相手を打つこと、応じるなどの剣道の「しごと」をしなければならないことがある。そこで必要なだけの息を吸い足して「しごと」をするのを「継ぎ息でする」という。「残気で行なう」というのは自然に吐き出した残りの少しの空気でその「しごと」をする。こういう理解でよろしいでしょうか。

石原　うまくまとめられましたね。そういうことです。

少し付け加えてみましょう。自然呼吸は残気があるんですよ。残気があるから余裕もあるし、楽になるんです。一般的な腹式呼吸は腹全体で息を吸う感じですが、丹田呼吸は腹の下のほうで出し入れをしますね。剣道にはそれのほうがよろしい、ということですよ。それから、残気がなくなると思われるほどの大きな呼吸はすぐ苦しくなって駄目なんですね。

腹式の「自然呼吸」

岡村　心・身・息は一如であると昔からいわれていますが、この三つはおそるべき密な関係にあるということですね。そしてそれは、今は科学的にもその一部は証明されていますね。先生は、イメージトレーニングとして説明されておりますが、どういうきっかけでこういうことを考えられたのですか。

石原　これにはやはりヒントとなったことがあって、一つは医学博士の塩谷信雄先生の『健康長寿と安楽詩』という本を読んだことなんです。その先生は「正心《せいしん》の調息」ということを言っておられる。正心、つまりは心を正すことですが、どう正すのかというと、①心を前向きにする　②感謝する　③愚痴をこぼさない、以上三つ。その正心における瞑想から先生独自の呼吸法をすすめておられるのですが、結局はイメージトレーニングなんだね。イメージトレーニングのことは多少知っておったが、医学の世界にもこれがあるとは知らなんだ。それで剣道にもこれが使えないはずはない、と考えたのです。塩谷先生はこの調息法で、九十六歳でご健勝でおられます。

もう一つは、NHKの朝のラジオで倉敷市の柴田病院の伊丹先生が、癌治療にイメージトレーニングが有効である、という話をされていた。それは毎日朝と晩の二十分ずつ、患者自身が熱帯魚になって癌の菌を食べるという瞑想を一年間させてみたところ、およそ八割の患者に顕著な効果が認められたというのです。

そうそう、もう一つあった。貝原益軒《かいばらえきけん》の『養生訓』に「真気を丹田におさめあつめ」とか「口中より少しずつしずかに吐き出すべし。あらく早く出すべからず」などと書いてありまして、考えさせられましたね。そんなこんなで、私としては、イメージトレーニングを剣道に生かせないものかと、ますます模索してみる気になったんですな。

岡村　そこから、丹田を空気袋としてイメージする呼吸法が工夫されたのですね。くり返すようですが、それは単なる腹式呼吸法というのじゃなく、あくまでも丹田呼吸といわれる腹式呼吸をしていて、なおかつ自然呼吸をしている状態ということでよろしいでしょうか。

石原　そのとおりなんです。胸式呼吸というものは「呼吸しよう」と意識することなく誰もがやっている。ところが、丹田呼吸は意識してやらなんだら出来《でけ》んわけです。だが、難しいことにこれを意識してやっておる間は剣道の役に立たんのです。おっしゃるとおり、丹田呼吸をしていて無意識に行なえる自然呼吸になってこそ、剣道に使えるようになる。

岡村　それを日常生活の中で習慣づけるわけですね。

石原　道場の稽古だけでは、せいぜい時間が一時間半前後じゃから足らんので、平生、寝ても覚めても丹田呼吸を習慣づける。これは健康にもいいからね。かなり時間はかかるけれど、無意識にそれができるようになったら、剣道が楽になる。ただし、このことを研究中は打たれたりして役立たない。完成したら役立つことが分かる。私もやめようかと思うことが何遍もあったねぇ。だから、よほど気長に取り組まないと簡単にはできないと思う。そしてまた、楽しくなる。私はそうでした。

医者に聞いたのですが、「胸式呼吸は心搏《しんぱく》を昂進《こうしん》する。腹式はそれがない」という。平常心を養うのは丹田呼吸に限る、と私はいま思っているんです。

岡村　武蔵の『五輪書』に、心の持ちようについて「常《つね》にも、兵法の時にも、少しもかはら《わ》ずして」とあり、また姿勢について「常の身《み》を兵法の身とし、兵法の身をつねの身とする」と書かれていますが、呼吸も日常生活での呼吸がそのまま剣道の呼吸になるまで練らなければならないのですね。

石原　武蔵の話が出たので付け加えておくと、姿勢（兵法の身なりの事）のところで「尻を出さず、ひざより足先まで力を入れて、腰のかゞまざるやう《よ》に腹をはり、くさびをしむるといひ《い》て、脇差のさやに腹をもたせて、帯のくつろがざるやう《よ》に」する、と書かれていますね。これは上虚下実（上の力を抜いて下の力を充実させること）の理に立った呼吸法を示唆しているものと私は解釈しています。

それから、柳生の流儀に〝ハ、セ〟という教えがあるということを景山二郎前全剣連会長からうかがったことがあります。〝ハ〟は腹、〝セ〟は背中を言ったもので、これは背と腹の間の尻の穴を締める、という口伝と聞きました。これもやはり呼吸法を暗に示しているものと受け取ってもいいのではないでしょうか。〔註＝尾張柳生の天才剣士柳生連也の七ヵ条の教えの中に「ハセの拍子」というのがある〕

岡村　いろいろな呼吸法があるなかで、剣道の修行のなかにこの呼吸法を習得するということがある、ということですね。

石原　そうです。呼吸法の達人としては、ご承知のように合気道の植芝盛平先生、心身統一法の中村天風先生、「腹道日本」を唱えた藤田霊斎《れいさい》先生がおられます。藤田先生は「腸から気血《きけつ》が湧いてくる」と言われていますが、これは呼吸と栄養呼吸および新陳代謝によって生まれるエネルギーの発現を言っているのです。上虚下実によって「臍《へそ》が天に向く」とも言われていますが、小澤愛次郎先生（範士九段小澤丘先生の父）も確かそのようなことをおっしゃっていました。

岡村　よく左半身が生きていないと注意されることがあるんですが、これも上虚下実の呼吸法と大いに関わりがあるのでしょうね。

石原　呼吸は、腰、足の動きともちろん関わりがあります。左足の捌きは打ち間をつくるのですが、攻めて早く打とうとする意識が強すぎると右足ばかり前に出て左足が残り、足幅が広くなってしまう。それから、右足で攻めている反面、左足に恐れが生じているということもある。すなわち、矛盾を抱えて攻めているということが往々にしてあるんですな。

ですから、上虚下実で「ため」をつくることが大切なんですが、それは呼吸法と分かちがたく結びついているのですね。

岡村　お話をうかがっていて、呼吸の工夫が大切であることが、ますます実感されました。先生は剣道形の呼吸の工夫で無声の剣道の活路を開かれたということですが、次回はその辺を具体的にお話していただけますと幸いです。ありがとうございました。

昭和52年、津山インターハイにて湯野正憲範士と剣道形を打つ

第六話 剣道形で呼吸を練る

呼吸と剣道形

岡村　前回に続いて、今回も主として呼吸についてのお話をおうかがい致します。呼吸法は剣道のいわゆる「ため」をつくるための大切な修行要項の一つで、その「ため」ができると風格、品位も自然と備わるというお話でしたが、視点を変えると、生涯体育としての剣道（生涯剣道）に呼吸法の工夫は不可欠だとも考えられます。かねてから私は残念に思ってきたのですが、素晴らしい指導者の先生方で若くして亡くなられた方が少なくありません。そこで、本当に「生涯剣道が長寿剣道ともなる」ということを熟考する必要性があると最近つくづく思うのですが、その重要なポイントの一つが呼吸法だと思います。いかがでしょうか。

石原　そう思いますよ。「ため」というものは剣道の崩れをなくす原点であると同時に、老化防止のための原点です。それは無駄な打ちや動きをしないこと、また、構えすぎ、打ちすぎを省略するなどから出来《でけ》てくるのですが、その一つ一つに呼吸が深く関わっておる。ですから、言われるように、呼吸の工夫は老化防止に大切であるし、老化を早める呼吸法じゃったら、これを自分の老化防止に合《お》うたものに改めねばならんでしょう。

岡村　石原先生の場合、六十歳代の呼吸法を七十歳代で変えたのは「先生の呼吸はわかる」と、八段を受審する人から指摘されたからであること、それから先生ご自身がその呼吸法では胸に突き上げてくる苦しさを覚えたのがきっかけだった、というお話でしたね。

石原　息を下腹におさめるために、吐く息に抵抗を与えるのを、唇をうすめることでやっておったんですわ。これを一言でいうと、「息を詰める」ということです。前回にもちょっと紹介しましたが、貝原益軒《かいばらえきけん》（江戸時代前期の儒者・教育家・本草学者）の『養生訓』に書かれている「吸入《すいいる》るところの気、腹中に多くたまりたるとき、口中より少《すこし》づつしずかに吐き出すべし。あらく早く吐き出すべからず」。「入るる事多く出すことすくなくす。出す時は口をほそくひらきて少吐《すこしは》くべし」。これなのです。こうすると息が詰まって、下腹におりる。あくまでも息を止めるのじゃなくて、詰めるんです。ところが、それが私にはだんだんとえらく（苦しく）なったんじゃね。

岡村　そこで呼吸法を変えたら剣道が楽しくなった、と先生はおっしゃいました。

「楽しく」という言葉にはいろいろな含みがあると思いますが、一つには、エネルギーの消耗が少なくなったということでしょうか。

石原　そうですが、一つは年をとって消耗するエネルギーが無《の》うなったんかもしれない(笑)。最近は稽古をしていて汗ばむことはあるが、背中を汗が流れるなどということはなくなりましたからね。

岡村　それは先生、エネルギーが無くなったのではないでしょう(笑)。消耗が少なくなり、最小のエネルギーで最大の働きをしている、ということじゃないでしょうか。

　さて、その七十歳代からの呼吸法は「剣道形の呼吸法を自分なりに工夫したもので、舌のつけ根とのどぼとけで気道にふたをする」というふうにお聞きしました。いわゆる「気張る」状態に近いが、その状態では動けないからその少し手前で息を出すようにする、という説明もしていただきました。「少し手前で」といったところは、なかなか曰《いわ》く言いがたい工夫を要する部分ではないかと思いますけれど、ここでは剣道形と呼吸について、ちょっと立ち入ってお話をおうかがいしたいのですが。

石原　呼吸を無視した剣道形の稽古は、剣道に役に立たん。ということは、そういう形稽古では意味がないと言えます。

岡村　ところが、その大事な呼吸については、先生方がお話し下さることが意外に少ないようですし、剣道形の解説書にも書かれていません。なぜでしょうか。

石原　それが前にも申しましたように、呼吸法というものは個人差が甚《はなは》だしい。十人おったら十通りの呼吸法がある、というようなものですから、統一した見解に達しにくいところがあるし、あまりに呼吸を強調するわけにいかんのですな。

岡村　先生方は個々に工夫された呼吸法で形を打っておられるのでしょうが、その辺は難しいところなんでしょうね。よく剣道形は一本一本、それぞれ一呼吸で打つように、と言われるんですけれども、実際には至難のわざではないかと思うのですが、どのように考えたらいいのでしょうか。

石原　やはりそれは、一呼吸で行なうのが本当でしょう。

私は肺活量がないから、こんなふうにやっています。一本目ならば、上段に構えつつ息を吸い下腹におさめ、息を溜めたまま入って「ヤー」あるいは「トー」と切りつけ、残心を示すが、このときまだ息は溜めている。そして構えを解いて退《すさ》るときに、息を静かに吐きながら退る。それから二本目の構えを執《と》るとき、また、息を吸う。肺活量のある人は退るときもまだ息を溜めたままなんじゃが、私にできるのはこれが精一杯のところです。

岡村　私は今、先生がおっしゃったとおりにやってみるんですが、構えて前へ出てから戻るまで一呼吸で行なうのは、正直大変ですね。それで、いろいろな教えを聞いてきたのですが、なかには、構えて前に進むときに微《かす》かに息を吐きながら進んで切りつけるとき息を吐ききる、というふうに教えて下さった方もいます。あるいは、逆に微かに息を吸いながら進んで切りつける瞬間に吐く、という呼吸法の方もおられました。

石原　いずれも、剣道に良いのではないかと思います。

岡村　いろいろとうかがっておりますと、進むときも退るときも、その途中で息の出し入れをしない、という点だけは皆、共通しているように思われます。これは途中で息を出し入れすると、そこで体勢や気勢に揺れが生じる。言い換えれば、体の動きに波が立つ。形の稽古をするときの努力目標として、「進退の途中では空気の出し入れはしない」ということを掲げておいていいでしょうか。

石原　統一見解が生まれるとすれば、そのあたりでしょうね。

女性剣道の呼吸

岡村　昭和五十四年のことですが、石原先生の剣友であり、私の師匠である湯野正憲先生（範士八段）と一緒に『剣道教室』（大修館）という本を書かせていただいたことがあります。その際、女性剣道を盛んにすることに労を惜しまぬようにしようと二人で誓い合っていたのですが、結局、刊行された本には女性剣道についてふれることができませんでした。と申しますのは、男性剣道と女性剣道との間の根本的な問題についての議論が侃々諤々《かんかんがくがく》として終らず、まとめきれずに仕方なく「女性の剣道については又の機会にしよう」ということになってしまったんですが、その問題の一つに呼吸がありました。湯野先生は、女性に腹式呼吸を求めるのは無理だとおっしゃるのですが、私は可能性はあるのではないかと主張して激論を交わしたことがあるんです。女性剣道の呼吸について、先生のお考えをおうかがいしたいのですが。

石原　私はそれについてはあまり研究しておらなんで、確かなことはいえんのです。女性は出産をするので、一般に男性よりも持久力が強い。ところが、持久力が強い分、瞬発力が衰退するという傾向があるので、持久力を瞬発力に切り換える調整力がそこで大切になるはずです。上手に心の匙《さじ》加減をするといってもええ。そうせんことには、男性になかなか太刀打ちできにくいところがあるようです。

呼吸もそうではないでしょうか。私は一度、六段の女性に訊《たず》ねたことがあるんだが、腹式呼吸はなかなかできにくいという答えでした。女性には、出産のために男にはない器官が具《そな》わっている。子宮、また卵巣です。それが腹式呼吸をできにくくしている要因の一つではないでしょうか。

岡村 私がいつも思いますのは、大部分の女性は垂《たれ》をつける位置が男性より高いところにつけている。だいたいウエストの位置ですね。これはウエストが男より細いので、下部につけても稽古しているうちに上がりがちなのか、それともウエストにつけていたほうがやりやすいのかわからないのですが、ウエストの位置に垂をつけていては、息はなかなか下におりにくいのではないでしょうか。あれでは丹田呼吸ができにくいのではないかと思うのですが。

石原 それは、私にはわからない。難問ですね。

岡村 私が女性にも腹式呼吸が決して無理なことではないんじゃないかと思いますの

は、女性の出産時の呼吸は胸式ではなくて、腹式でしょう。これを思えば、女性にも腹式呼吸は可能だと思うんです。

石原　できにくいということであって、できないということではないでしょう。ですから、男のようには出来《でけ》んとしても、女性に合《お》うた腹式呼吸の工夫が大切ではないか、というご意見ならば、私は賛成です。

岡村　呼吸法が剣道の内容、レベルに大いに関わるものであるならば、女性剣道のさらなる質的向上を考える場合、これは真剣に問われて然るべき問題だと思います。しかし、私たちには臆測するしかできませんが、女性自身に研究していただくことを願うことに致しましょう。

石原　女性剣道の向上のための、一つの重要な問題提起として、ここに出しておきましょう。

気迫をつくる呼吸

岡村　呼吸のことは十人十色の工夫があると同時に、年齢によって変えていく必要がある、ということが、今までのお話でだいぶ理解できてきたように思います。ところで、前々回に先生のお若い頃の形稽古の呼吸、すなわち武専で行なっていた剣道形の呼吸についてふれていただきましたが、若くして体力のあるときはあのような呼吸法もあっていい、ということでしょうか。

石原　武専の剣道形の稽古（週に一回、約一時間半）は、冒頭に言いました「詰める呼吸法」じゃなく、まさに息を止めてやっておったんです。気張った状態でやらせていたわけですな。先生とマンツーマンじゃったが、前にも言いましたように、ですから目の前を金蠅《きんばえ》がブンブン舞うような錯覚を覚えて立ちくらみがしたことが一再《いっさい》ではなかった。私は武専を卒業してしばらくの頃は、そんなやり方に疑問を覚えた時期がありました。人間、気張った状態では動けんでしょう。あんな不合理な形稽古のやり方はないって思うたんですわ。

ところが、それから剣道を続けているうちに、あれは確かにマイナスの要素もあるが、プラス面のほうが大きかったんじゃなかろうか、と思い直すようになりました。それはあの年代に活力の貯蓄、「溜め」に通じる「貯め」が、あの形稽古でできたということが一つです。

岡村　それは肺の機能を含めた身体的能力を高めるのに役立った、ということですか。

石原　それと、もう一つは気迫じゃね。若い時期に気迫を教え込むのは難しいんですが、剣道の専門家になるのには大切なその気迫を、あの方法で教え込まれたのだな、とその後、考え直したものです。

岡村　先生に以前お聞きしたのですが、武専では掛かり稽古にしても遠間から大技で打ち込む方式で、これで剣道の捨てるところ、捨て身を学ばれたということでしたね。いま言われた気迫とは、捨て身の気迫と解してよろしいですか。

石原　そう、それです。その捨て身の気迫が身についてこそ、上虚下実のところが体得されて、「ため」もできてくる。

武専の稽古は、先生が待ち突きで対すのがわかっておっても、遠間から打っていく荒稽古で、喉の突きあざは「勲章もの」とみなされていたくらいでした。それはもう、恐くてならなんだ。ところが、そういう稽古ばかりやっておるうちに不思議なことを体験するようになった。三年の夏休みだったが岡山の武徳会支部に帰ったとき、備前《びぜん》の吉田という先生に稽古をつけてもらった。その先生は体格のある方で、突きはあるわ、足がら（足をかけて倒す）はあるわで、それまで私は恐ろしゅうて恐ろしゅうてならなかったんじゃが、それがもう、何をされても恐くなくなった。当時は不思議だなぁと思ったぐらいなのですが、あとでそれが、あのとき自分は捨て身の気迫を叩き込まれていたためだったんだなって思うたんです。

岡村　その待ち突き、迎え突きですが、私も幾度も恐い思いをしましたが、そこで学んだことは、それに対して、「払う」とかコテ・メンで応ずるのでは駄目だということですね。そうではなくて、相手の剣尖を自分の左拳で割っていく気迫をもって打って行け、そういう覚悟で修行を積めば、充実の度合いが高まる、そう教えられてきました。

石原　コテ・メンというのは技としてはあるけれど、武道的見地に立つと評価しがたい技だと考えます。コテに出て、それがしくじったときにメンに出る、というのはあり得るが、計画的にコテからメンとつなぐのは、機というものがわかっていないからで、八段審査でこれが出てしまった人は、まず、そのように見られます。

岡村　手厳しいお言葉ですが、確かに、捨て身の技ではないということになるのでしょうね。

石原　先だって、京都から二十名ほどが岡山に武者修行に来られて、最後に京都の指導者の方と岡山の松井明八段との立合がありました。相手の方は姿勢も態度も良い。双方ともに「ため」があって、「ああ、ええなぁ」と思うて見ておったんじゃが、相手の方は動いた瞬間に、悪いところが出てしまいました。基本の打ちが崩れたのです。

何度も申し上げていることですが、「ため」といっても、「ため」そのものは役に立たんのです。「ため」は使うてこそ剣道の気品、品格といったものに結ばれるのです。ですから、「ため」は打ちを矯《た》める（矯正する）ことがなければ役立たんのだが、つきつめると、その根底に捨て身の気迫というものが練れておらなんだら、「ため」は剣道に生きてきませんね。

岡村　これもまた、厳しいお話ですけれど、昔の伝書に「体《たい》」と「用《ゆう》」という言葉があります。本体とその働きのことを言っていると思いますが、いくら本体に「ため」があっても働きが崩れてはどうにもならない、ということでしょうか。

石原　おっしゃるとおりです。

岡村　呼吸のことから気迫についてまで話が進みましたが、先生が武専時代に教え込まれた捨て身の気迫も、呼吸の錬磨と分かちがたく結ばれていたということが今日理解できました。いずれにせよ、呼吸というものは剣道を含めて「道」と名のつく日本のあらゆる文化、のみならず禅などの宗教や、西欧の瞑想、さらには医学などでも重視されているわけで、剣道を学ぶ者は、もっともっと深く考究していく価値のあるものなのですね。ありがとうございました。

西大寺の朝稽古は、正月２日から始まる

第七話 少年剣道の未来に期するもの

審判力の向上

岡村　石原先生にはこれまで主に中高年の剣道に関わるテーマについて、貴重なお話を頂戴してきましたが、今回は少年剣道指導の方向づけについてのお考えを中心におうかがい致します。少年の剣道といえば、最近とりわけ問題にされているのは、その動機や経緯はどうであれ、せっかく剣道を始めながら長続きせずにやめてしまうお子さんが多い、ということではないかと思います。先生は今も岡山・西大寺武道館における小・中・高校生の剣道指導の現場に立たれているわけですが、この道場は朝稽古方式をかなり前に導入し今日に至っていると聞いております。少年剣道の現況が今申したような状況の中で、朝六時三十分からの稽古に子どもたちが耐えて、長く剣道を続けるように導くのは並大抵のご苦労ではないのではなかろうかと思いますが、いかがでしょうか。

石原　西大寺武道館の朝稽古が始まったのは昭和三十五年ですから、もう四十年近く経つのですね。日曜と祭日を除く毎朝の稽古がよく続けてこられたなぁ。実を言うと最初の五年間ぐらいは晩に稽古しておったんですが、子どもたちは集まっても、指導する社会人、先生たちが来れんという状況がありました。残業や、仕事帰りの付き合いなどのことでね。それで朝稽古に変えたのです。

岡村　お勤めの人は出勤前、子どもたちは登校前の稽古になるわけですが、稽古のあとの朝粥《あさがゆ》のことはよく知られていますね。

石原　あれは、稽古を終えて家に帰って朝食をとっていては、職場や学校に間に合わないので、お粥とみそ汁と漬物という質素なものじゃが、そうなったのです。家の人たちの負担にならんようにするという配慮もありましたが、まぁ、その朝粥をいただくことにしても、剣道をする心、礼的な面を含めた正しい剣道観を子どもたちに涵養するのに大切なことだ、と親御さんたちに私たちは申し上げているのです。最初のうちはよう食べなんだのが、だんだん、おいしそうに食べるようになるのが多いんですよ。

岡村　低学年の子ですと、お母さん方が送り迎えをすることになるのではないかと思いますが、親が大変なので音を上げると子どもはやめることになりがちですね。先生はお母さんたちにどのような話をされるのですか。

石原　剣道は手の内を締めたり緩めたりする。これは脳の働きに良いといわれる、胡《くる》桃《み》を握るあの健康法にちょっと似ている。それから夏も冬も裸足でいるのは、青竹を踏む健康法に通じるものだし、稽古着は乾布摩擦の用にもなる(笑)。とにかく、剣道は健康に良いものであるということと、再三申し上げてきた人間だれもが具《そな》えている五つの要素、瞬発力・持久力・決断力・判断力・調整力を剣道は磨き上げるものである、という話はよくしています。そうするとお母さん方に納得してもらえるんじゃが、一方で、なるべく早く子どもが一人前の少年剣士になれるように、ご自身が工夫してもらいたい、ということも言う。きょうびの少年は防具を親に持ってもらう、面紐を結ぶも解くも親まかせにして平然としている傾向があるが、これは剣道の根本的なところ、剣道をやる心を養う上で、まったく子どものためにならん。

岡村　おまけに車で送り迎えでは殿さま剣道になってしまいますね(笑)。

石原　少年剣道に限れば、最もこの点が我々の少年時代と隔世の感のするところじゃね。しかし、私たちの道場でも、長続きしない子はもちろんいる。一つには、負けてばかりしていると、嫌になって剣道をやめてしまうという面がある。全剣連の意識調査では、少年たちが最も関心を持っているのは「勝つこと」という結果が出ているでしょう。だから子どもたちは勝てば嬉しくてならないが、負ければショックだし、それをくり返しているうちに、お母さんの顔色をうかがって「やめていい？」と切り出す。

子どもは楽なほうを選ぶことに、本能的に巧みじゃからね(笑)。そこで大切なのは親の一言です。私はお母さん方に、「やめていい」と簡単に言ってはいかん、と申し上げています。

岡村　いま、子どもたちは勝つことを本当に喜びとしているというお話が出ましたが、そこで問題にされねばならないのは、審判の存在だと考えます。この対談の第一話で石原先生は「打ち」と「当たり」ということにふれられました。もう一度ここで整理すると、「打ち」は意志の発動と信念がそこにあること、「当たり」は信念が無かったり不足していること。換言すれば、「打ち」は必然の打突であり、「当たり」は偶然のそれということになりますね。そのこととの関わりで、少年剣道の試合の審判が注意しておくべき点がございますか。

石原　「打ち」の剣道を志すのが剣道のあるべき姿であって、これは『剣道試合・審判規則』に書かれていませんけれど、審判は「打ち」と「当たり」とをしっかりと区別する眼をもっていなければなりません。その上で、少年剣道の試合では「当たり」を一本と取ってあげることが大事だと私は思います。段階に応じて審判のやり方も変わるし、そのやり方の使い分けができなんだら、審判の価値はない。

岡村 そこが剣道の審判の難しいところなのでしょうね。ほかのスポーツの多くは試合のルールと作法を身につけておけば、ある程度審判ができるという面があると思いますが、剣道では審判に当たる人がそこまで審判力を向上させるように、自分自身が修行を積まねばならないという面が確かにありますね。本当に難しいことだと我が身に照らしても感じるんですが、忌憚《きたん》のないところ、先生は最近の少年剣道試合の審判を、どのようにご覧になっていますか。

石原 そりゃあ全国大会の審判は良いですよ。皆さん、審判について研究熱心な先生方がおやりになっていますからね。じゃが、地方のそれは、審判法についての勉強が明らかに不足している人が「審判をやってやるんだ」って態度で出てきて、講習も受けていないのに審判をやりたがっている、という面が見受けられませんか。

有効打突というものは試合をしている選手が決めるものであって、それを間違いなく確実に判定してやるのが審判の役割なんですが、そういう人の審判は自分が有効打突の決定を下す、というようなことが往々にして見受けられる。そうして、少年選手がえ所《とこ》打ったのを取りこぼす、などの審判ミスが出ると、試合勘が良くて癇《かん》の強い子はあきらめきれず、それが剣道をやめる原因にもなりがちなんですね。

岡村　実際にそういう例は、よく耳にします。審判はその子どもの剣道を方向づける、大きな指導力を内包《ないほう》していると思うのですが、審判ミスで自信をそこなったり、嫌気を起こさせる例が少なくないのは、少年剣道の将来の上で考えなければならない点ですね。

石原　前にもいいましたが、審判も自分の剣道を向上させるための大切な修行です。これを剣道と切り離して、審判してやるんだという姿勢では、審判力といったものも上がらんでしょう。

女性指導者の養成

岡村　全剣連の社会体育指導員の講習会では指導者養成を目的とする講習会を、すでに十二年間も続いて開いています。一回の講習にはテストが七つあるのですが、その中に審判法のテストがある。ところが、これまでの講習では、この審判法のテスト成績が一番悪いんですよ。これは大問題だと私たちは受け止めているのですけれど、こういうことからも、先生が言われたこと、審判の上手下手の格差といったことがよくわかります。それにしても全剣連の方針に沿って、岡山県では審判の講習を早々に始められましたね。

石原 関係者の尽力があって、受講者にその年の公認審判員の資格を与え、県下の大会の依嘱《いしょく》があればその中から審判員として出す、という形ができたんですね。「全剣連の社会体育講習会では、審判の方法について本当によく教えてもらえた」と喜んでいる人は、私が知る限りでも、そういう県内講習会の受講者の中にたくさんいます。

岡村 テストの結果、不合格になった方には、もう一度補習を受けていただいているのですが、やはり、審判法だけがもう一歩、かんばしくないところがあります。けれども、一所懸命学んで帰って下さる方がほとんどなので、とても感謝しているんです。

石原 審判も観見《かんけん》二つの目を磨《と》ぎ、心気力一致で声を出し、手を上げなければならない。何度も言うようですが、審判即稽古であるということを、いつもお忘れにならないように願っています。

岡村　その全剣連のこれまでの講習会を通して、私も責任者（社会体育委員会委員長）として強く感じていることがあります。一つは、女性の審判力が、たとえば同じ段の男性と比較すると低い、ということです。高体連ではインターハイや選抜（全国高等学校剣道選抜大会）で、早くから女性審判の起用を行なっているのですが、地方の大会では依然として女性が審判をする機会が少ないように見受けられます。女性は審判が下手だという見方が定着しないうちに、やはり段位に応じた審判力が体験を通して身につくように、各県の剣道連盟、それからさまざまな組織の方々にご一考をお願いしたいところです。

石原　岡山では女性審判の研究会が開かれているけれど、まだまだ男性には及ばないところがある。これだけ女性の剣道大会も増えてきたんじゃから、まぁ、にわかには出来《でけ》んこととしても、これは重要なことだと私も思っています。とくに少年剣道では先ほど申し上げたように「勝つ」ことに非常な関心を持っているわけだから、ええ所を打ったのを取りこぼして少年選手からとやかく言われんように、それだけの審判力を備えていただきたいと思います。

岡村　審判には複雑な作法があって、もちろん講習会では学んでいただいているんですが、実際の試合で、その作法にとらわれるあまり有効打突の判定を見誤ってしまう、ということがままありますね。理想的には、試合では作法以前に有効打突の判定に集中して、それがおのずから審判の作法の基本にのっとっている姿が望ましいのでしょうが、これは練習あるのみなんですね。得てして作法のほうが先行しがちなのは、女性に限られたことではないんですが。

石原　少年剣道も低学年の子どもの指導には、女性の指導者のほうが適している。私は常々そう考えておりますし、女性指導者の養成は少年剣道の未来に期するものの一つでしょう。審判力を高めることに、ぜひ頑張っていただきたい。

剣道を続けさせるもの

岡村　西大寺剣道連盟の本拠・西大寺武道館では、石原先生の旧制中学時代の剣師であり少年剣道指導に卓越した力をお持ちの近成《ちかなり》弘《ひろし》先生（範士八段）と、ほかの先生方が稽古会を発案され、当時は岡山県警の教養課におられた石原先生も加わることになったとうかがっております。その頃から先生は少年剣道の指導にも携わってこられたわけですが、実際の指導現場で最も大切だと思われることは何でしょうか。

石原　道場の「空気」をつくること、それが指導者として最重要のことだと私は思います。自己を磨き上げる場である道場の空気は、自然に張りつめた凛《りん》としたものになるのが理想だが、子ども同士の稽古では、その空気がなかなかできにくいでしょ。そこを指導者がつくってやらねばならない。そうすると、子どもたちはその張りつめた空気を鋭敏に感じとるものであって、これを長年にわたって続けているうちに剣道をする心、剣道とは何であるかをおのずと体感することができるようになるはずです。道場の空気づくりは指導者のなすべきことのすべて、とさえ言えるかもしれん。

岡村　「継続は力なり」といいますが、そこで大事なのは子どもたちが剣道を続けるように導く、ということになりますね。

石原　そうです。小学校から高校を卒業するまで続けるように指導するのが、我々大人の責任ですよ。

岡村　西大寺武道館では最初から小・中・高の一貫指導体制をとって、現在に至っているとお聞きしておりますが。

石原　おかげさまでね。高校生までは、と私が考えるのは、その終り頃はたいがい三段になるでしょう。剣道は三段になると攻めも効いてくるし、意欲も素晴らしく変わってきます。

ここまで続けることは別の意味でも非常に大切なんです。というのは、三段を取って高校を卒業した人は、その後、就職や勉強などの理由で剣道を一時中断しても、またやろうと思えば剣道の痕跡《こんせき》が確実に残っているから、いつでも復活できる。しかし、小・中学校でやめると完全に痕跡がなくなり、剣道に立ち返ることはできなくなる。

また、八段になられた先生方の剣風にも三段時代の姿がはっきり残っていることを感じます。このような意味から三段になるまで続けることは、生涯剣道の基礎作りができたといっても過言じゃないですね。

岡村　大変興味深いお話ですね。では先生、これからの少年剣道で、ということは二十一世紀の少年剣道になりますが、私たち大人が、今後、考えていかなければならないことをお聞かせ下さい。

石原　いま述べたことに関わるのですが、とくに中学校の剣道の指導体制を考えることが不可欠ではないじゃろうか。中学の剣道部は、指導者が非常に不足していますよね。優れた指導者がいるとしても、その先生が生徒指導のほうで部活動に手がまわらない、という例もあります。その上に部員が少ないとなると、当然のことながら廃部ということになってしまう。そうすると、剣道を続けようとして中学に入った少年たちは、路頭に迷うことになる。じゃあ、どこでこの状況を救済するか。本来なら高校の指導者の方々が面倒みてやらなんだらいかんのじゃろうが、それができるところは少ない。結局、それぞれの地域の社会人剣道の人たちが指導するほかはないのです。

岡村　剣道を始めた子どもたちが、途切れることなく剣道を続けていかれる指導体制を本気で考えないと、二十一世紀の少年剣道は明るい方向に進まない、ということですね。そして、そのためには地域の社会人指導者のバック・アップが必要だということですね。

石原　ですから、全剣連で岡村先生たちが取り組んでおられる社会体育指導員の養成は、本当にかけがえのない意味を持ってくると、私は信じています。どうか、この方向づけを生かして、指導に当たる方々を大事に養成していただきたい。少年たちの剣道に対する夢をはぐくみ、結果として剣道がその子たちの人間形成、人生に役立つものにしていただくために、私も努力は怠らないつもりですが、心からそう願いたい。

岡村　社会体育指導員養成講習会のリーダーとして努めている私にとって、非常に心強いお言葉を賜りましてありがとうございます。「知・情・意の三つを円満に養うのが剣道の究極の目的である」と、石原先生は述べておられますが、少年剣道を含めて、私もこれからの剣道の指導体制づくりの一助となるよう鋭意努めます。ありがとうございました。

岡村忠典（左から２人目）高３の夏、大学受験を控え校内補習授業に取り組んでいた頃（４人とも龍ヶ崎一高剣道部員）

第八話　生きている文武両道考

勉強即剣道

岡村　前回は、少年剣道の将来についての問題点を種々ご指摘していただきましたが、その中に、小学校から高校を卒業するまで子どもたちが剣道を続けられる指導体制を考えてやるのは大人たちの責任だ、というお話がありました。まさに「継続は力なり」で、我々は本気でこのことに取り組まなければならないと痛感致しました。ところで一方、視点を子どもたちの側に置いて考えてみますと、剣道などやっていると受験競争から脱落してしまうのではないかという不安が、昔も今もそうでしょうが、やはりあるのではないかと思います。実際、いよいよ受験が切迫すると勉強のために稽古を休みがちになり、そのまま剣道を離れてしまうというケースも少なくありません。つまり、問題は勉強と剣道とは両立できるものかということなんですが、これは我が子に剣道をやらせてみたいと思われた親御さんたち共通の不安かもしれません。石原先生のご意見は、いかがですか。

石原　もう六十五年も昔のことなので、そういう子どもや親御さん方のご参考になるのかわからないけれど、私の体験を話します。
前にもちょっと言うたかもしれんが、私は旧制中学の岡山黌《こう》という、非常に剣道の強い学校に入ったのです。ところが五年生の夏休みでしたが、この学校が廃校となり、関西中学校に転校することになった。武専に進むことはその前に近成弘先生にすすめられて心が決まっておったので、転校してからいよいよ受験準備に入ったのはええが、先輩たちに武専の状況を訊《たず》ねるとこれがなかなかの難関でしてね。

岡村　当時でいう講習生、今でいう浪人生たちもたくさん受験した、と伝え聞いています。どれくらいの倍率だったのですか。

石原　おっしゃるように二浪・三浪の人たちがよーけいおって、それを含めた二百六十人ほどの受験生から二十名が受かることになっていたから、十三倍ということになります。難関じゃけれど、私としては一発で合格せなんだら後がない。親父から「一回だけは受けさせてやるが、お前は長男だ。落ちたら家を継いでもらわにゃならん」と、宣告されていましたからね。そう言われると意地でも合格してみせるという気持ちになって、先輩方に受験勉強の方向を教えてもらってだんだんと準備し始めたんですが、どうしても時間が足らんということがわかったんですわ。

それというのも、学校には体育とか、教練とか、タイプライターとか、受験に不必要な課目があって、その授業に出ていると武専に入れるほどの勉強がこなせんのです。そこで、その授業を休む手だてを考えなんだらいかんと思うたんじゃが、当時の関《かん》中《ちゅう》の体操の先生が鬼のように恐い先生でね（笑）。その先生は生活指導にも携わってて、生徒をぎゅっと掌握しておられた。授業は休みたいが、とてもじゃないが、その先生に直接相談することなどできない。どうするか。思い余って、その先生の奥さまに頼みに行くことにしました。

岡村　将を射んと欲すれば先《ま》ず馬を射よ、ですね（笑）。

石原　そう、菓子折を持って奥さまを訪ねた（笑）。そして、「恐ろしゅうて先生にはよう言い出せんのですが」と言って、事情を話して、奥さんからお取り次ぎをお願いしますと、必死の思いで頼みましたよ。「そのかわり試験は受けますし、落第点だったら落としてもらってもむろん結構ですので」とも言いました。奥さんが「よくわかりました。主人に申しておきます」とおっしゃってくれたときは、本当にありがたかった。翌日、その先生が「おい石原、しっかりやれえ」と言ってくれたときは感激しました。それから、その先生の授業は受けんで勉強時間に充《あ》てました。

岡村　私も長男で、兄弟が多くて金がないから国立大学以外は入るべからず、と親父に言い渡されたことがあるので、先生ほど切迫した状況ではありませんが、先生の当時の必死の思いがよくわかるような気がします。その受験間際の頃は、そうしますと剣道の稽古は休まれたのですか。

石原　私の場合は受ける学校が武専でしたから、それはもう続けておりました。その頃は学校ではなく武徳会の岡山支部で先生方に稽古をお願いしていました。短時間でしたが、その稽古を一所懸命やって、家に帰って早うに寝て、皆が寝静まった時分に起きて勉強しておったんじゃが、非常に能率が上がったことを憶えています。

剣道に短時間集中したあとに机に向かうほうが、頭が澄みきって、むしろ勉強に益するということもあるのではないかなぁ。

岡村　これは今まで人に言ったことはないんですが、高校三年の後半頃は、稽古着に袴をつけて竹刀を傍らに置いて受験勉強をしたことを思い出します。先ほど申し上げたような家庭の事情があったので、必死だったんでしょう。そういう恰好で机に向かうと、どういうわけか集中力が高まる。眠くなると庭へ降りて素振りをしたり、庭に自分で作った鉄棒にぶらさがったりしていました。これ、ちょっと変でしょうか(笑)。

石原　そんなことはない（笑）。私は稽古着をつけるまでには至らなかったが、掛かり稽古のつもりで勉強しましたよ。勉強と剣道とが一致する点、勉強即剣道の部分があることを、実感としてつかんでおられる方は多いのではないでしょうか。少なくとも、剣道は勉強と両立させやすい種目であることは確かだ、と私は思います。剣道のように短時間で濃密な運動量を消化できる種目は、おそらく、ほかには無いんじゃなかろうか。このことが、勉強と両立させやすいということの根底にあるように思う。

ストレス解消の妙薬

岡村　今うかがったお話をつきつめますと、あえて古い言葉を持ち出しますが、文武両道の精神が今日でも剣道の底流をなしている、剣道に生きている、ということがいえるのではないでしょうか。

石原　あまり我田《がでん》に水を引くような話になってもいかんが、私はそう思っています。勉強をなおざりにする人の剣道は、やはりレベルが上がらないという面がある。

岡村　よくわかります。石原先生もそうですけれど、故人となられた小川忠太郎先生、私の師匠の湯野正憲先生など、皆さん、本当に勉強しておられますし、また、そのことが指導される側にひしひしと伝わってくるのです。そこから、いかに勉強が大切であるかということも、おのずと伝わってくる。まさに文武両道は生きているという証《あかし》をみる思いです。巣鴨学園の佐々木二朗先生から「知のない剣道は暴力である」と言われた時は唸ってしまいました。これは笑い話になりますが、某高校の校長先生にそんな話をしましたところ、「そのとおりだ。私の学校はその文武両道路線でやっている」と言われた。よくよく聞いてみると、勉強クラス（受験クラス）と、部活中心のクラスとに分けているという意味なんですね(笑)。「先生、それはちょっと意味あいが違うでしょう」と言ったのですが。

石原　そういう「文武両道」は困りますね(笑)。それはともかくとして、人間、一生が「勉強」である、とよく言いますね。そこでいう「勉強」とはもっと奥深く広いものですが、この点でも剣道はかけがえのない多くのものを与えてくれる筈です。体験をとおして、私は自信をもってそれだけは言えます。

そもそも、いくら剣道が強くなっても、打突の技を覚えても、実際に相手を打ったり突いたりする時代じゃないから、そのこと自体に価値を求めるのは不自然でしょう。

剣道で学んだ精神を人間形成に、人生に役立てるところに剣道の価値があり、理念があるという点に、いつでも立ち帰りたいものですね。

岡村　石原先生はある県に講師として招かれたとき、講習を前にして一人の先生から「八段に合格するには一言で何が必要か」と問われて、考えられた挙げ句、「理念を踏まえた剣道に立っていれば、八段という段は向こうからやってくる」という結論に達した。そういうことが以前『剣窓』（平成八年二月号）に載っていたのを、読ませていただいたことがあります。そして、その「理念を踏まえた剣道」について、事理《じり》両面から具体的に述べておられますが、究極的には、真《しん》（当たりではなく打ちの剣道を求めること）・善《ぜん》（正気、浩然の気を求めること）・美《び》（静と動との美を求めること）を求めること、と締めくくられていたように記憶しています。

石原　まぁ、人間に完成というものはあり得ないのでしょうが、その目的に向かって努力することから、人間形成に剣道が役立つものになり得る、と考えるのです。

岡村　人間形成、そして、山あり谷ありの人生に処していく精神力も、剣道は培ってくれるのではないでしょうか。私などはまだ六十を越したばかりの剣道界では鼻たれ小僧で、口はばったいのですけれど、これまで剣道をやっていて救われたこと、精神的に立ち直れたことが何度もありました。私は、まさに我田引水《がでんいんすい》といわれるかもしれませんが、剣道をやると精神力だけでなく、頭も良くなるのではないかと思うんです。ずいぶん昔、新聞で大きく「頭の良くなる剣道」という記事が出たことがあるんです。最近『頭の良くなる剣道』という本も出ています。だからというわけじゃないんですが、多くの剣道人を見ていて直観的なんですが、どうもそんな気がするんです。説明できないのは残念ですけど。

ところで、剣道はまた、ストレスの解消にも効果的だということも、よく言われますね。

石原　社会人となれば、何かとストレスのたまる時代でしょう。たまったストレスは、どこかで解消せなんだらいかんわけで、そういう意味では短時間で一日分の運動量を消化できる剣道は効果があるという面がある。ですから、私は皆さんによく言うんです。「道場は物を考える所じゃありませんよ。道場に入ったら気持ちを切り換えて、いいばかになって大きな声を出し、技を出し合い、汗をびっしょりかいて下さい。そうして、ストレスなどというもんは、道場に放り出して帰っていきなさい」と。

岡村　そうしますと、多忙で自分の時間がとれない人ほど、つまり貴重な時間を何もかも忘れて精一杯稽古に打ち込む人ほど、剣道は石原先生のよく言われる「妙薬」になる、ということが言えますね。

石原　おっしゃるとおりです。

人生のモノサシ

岡村　文武両道に戻りますが、先生が学ばれた武専は、この点ではいかがでしたか。

石原　武道の専門学校などというと、生徒は一日中道場にいてしごかれるような印象を受けられるかもしれんが、そうじゃないのです。剣道でいえば稽古は一時間半程度で、残りは学科の勉強でした。

岡村　その短時間の稽古が死の際《きわ》まで行くような荒稽古だったんですね。

石原　まぁそれが出来《でけ》たのは、一つには医者の適切なアドバイスがあったからなのです。

これは余談になるかも知れないけれど、笹川久吾という医学博士が武専の教授をしておられてね。あとで京都大学の教授になられた有名な先生なんですが、この先生は

「笹川理論」といって、スポーツマン心臓を鍛えることについての独創的な理論を持っておられた。それは運動による疲労を六段階の周期に分けるんです。筋肉疲労→心臓疲労→肺疲労→真性疲労→疲労性神経衰弱→過労の六段階。このうち最後の「過労」というのは病的なものなので、その段階に至らないうちに休むのではなく稽古を調整しなければならないが、剣道をやる者は心臓疲労ぐらいで軽々《けいけい》に稽古を休んじゃならん。五段階目の疲労性神経衰弱になったとき、十本やっていた稽古を七本ぐらいに減らし、食後にマーゲンブン（当時、疲労回復に効果があった胃薬）を飲めばすぐ回復する、という考え方なんじゃね。そのようにしてスポーツマン心臓をつくっていく。

岡村　具体的に、スポーツマン心臓とはどのようなものですか。

石原　左心室が拡大した心臓です。左心室の壁が強靱《きょうじん》になって内容量が多く入る。そういう心臓だと、一度に送り出す血液量が多いわけだから、ガス交換率も高まって、それだけ疲労回復も早い。そういうスポーツマン心臓を在学中の四年間につくらなんだら剣道の専門家にはなれん、というのが笹川先生の持論でした。その目安は、腹の皮をつまんで週刊誌の厚さ（約一センチ）ということでした。

岡村　武専の荒稽古が想像されるようですね。その六つの段階は、いちいち検査するのですか。

石原　ある意味ではモルモットのようなものでね（笑）。しょっちゅう医学教室に呼ばれて、血沈やら血圧やらを測定されていた。

そういえば、こんなことがありました。文武両道の話から逸れるようだけれど、いいのかな。

岡村　そういう科学的なことがすでに武専で行なわれていたとは興味深いので、どうぞお願い致します。

石原　三年生の夏休みでしたが、岡山の実家に帰ったところ、家の者が皆、夏カゼをひいておって、かかりつけの医者に往診してもらっていた。私はどこも何ともなかったんじゃが、ついでに診てもらうと、その医者の顔色がさっと変わったのです。脈搏が結滞しておる。即刻入院しなければならん、と言う。私は笹川先生の講義を受けておったから、疲労の段階では脈が結滞することがある、と言うたんです。「素人が何を言うか」と医者にどなられました。家の者も大騒ぎしますし、思いあまって私はその日のうちに京都に行き、笹川先生に診てもらった。検査のあとに先生から「石原、おまえの心臓はわしの理想とするスポーツマン心臓じゃ。心配することはない。なんぼでも稽古してええ。しっかりやれえ」と喝を入れられましたよ。

岡村　そういう先生がおられたことは、心強かったでしょうね。

石原　六十年も前のこと。時代が時代ですから、まかり通ったということがあるかもしれません。現代の医学では、この辺のところはどうなっているかはわかりません。

それにしても先生のアドバイスがあったことが非常に幸いしましたね。そのアドバイスを今は私が他の人に教えることもあります。いつでしたか、県警の選手が、心臓が悪いから稽古を休まなければならないと医者に宣告されました、と言ったことがあった。おまえのは第二期の心臓疲労ぐらいだから休んじゃならん、と思ったんですが、医者にそう言われたのを素人の私が否定するのもどうかと思って、まぁ休みなさいと言ってやった。もうそろそろ良くなる頃だと思う時分に、その選手はケロッとして稽古に出てきましたね。そういうことがしょっちゅうあります。

岡村　稽古を休むと、再開したときに本当にしんどいですね。これも「継続は力なり」ということなのでしょうね。その稽古のことなんですが、石原先生は「剣道の稽古は楽しくあらねばならない」と、よくおっしゃっています。しかし、六段階の五段階まででは休んではいけない、というような稽古は厳しく烈《はげ》しいものでしょうし、「楽しさ」という言葉とはどうも結びつきにくいような印象を受けます。先生の言われる「楽しさ」とは一般にいう楽しさとは別のもののような感じを受けるのですが。

石原 烈しい稽古に打ち己《か》ってこそ得られる楽しさという意味です。苦しいことを避けていては、そういう深い楽しさは得られんでしょう。そういう値打ちの高い楽しさを求めて稽古したいものだということじゃね。

烈しい稽古で極限まで自己を鍛えること。その体験は尊いのです。山あり谷ありの人生ですから、苦しく辛いことにどなたも遭遇するでしょう。そのときに、剣道で刻苦したことがモノサシになる。あの苦労を思えば、これはこのくらいの苦労でしかない、というように苦労の度合いをはかることができるはずです。

岡村 人生のモノサシを剣道の稽古の中から身につける、ということですね。剣道人に大いなる夢を与えてくれる、素晴らしいお話です。勉強も同じで、学べば学ぶほど学んだことから、あるいは努力し尽くしたことから大きく深い喜び、楽しさを味わうことができると思いますがどうでしょうか。

石原 そうですとも。そして剣道と勉強の二つが噛み合って、その二つがその両方を高めていくんですわ。そして毎日が常に向上心を持って生き生きと生きていかれる、ということです。剣道も楽しい、勉強も楽しい、そして生きていて良かったと必ず思えるようになれるんです。

岡村　文武両道は当然あるのではなく、自分で努力して文武両道の世界を創造していく、ということですね。何か勇気が湧いてくるようなお話、本当にありがとうございました。次回は、そのレベルの高い楽しさを求める稽古の工夫についてお話をおうかがいできればと思います。

「自ら竹根を掃《は》いて老節を培《つちか》う」を座右銘とし、日々の工夫を大切にしている

第九話 稽古の工夫は心の匙加減から

中断しないこと

岡村　剣道の奥深い楽しさを求めて自分の剣道を向上させるためには稽古をどのように工夫したらよいか、ということについておうかがい致します。もとより容易ならざる大テーマであろうかと思いますので、稽古の工夫のための工夫というか、具体的な創意工夫以前の心構えのようなことについてご教示願えるとありがたいのですが……。

さて、その冒頭から唐突ですけれども、石原先生は「剣道の稽古は一時間以上行なう必要はない」と常々言われておりますが、これはどのようなお考えからなのでしょうか。

石原　前にも申しましたように、剣道は短時間で一日の運動量を消化できる特性を持つ種目なんです。これを持久力を培うためかどうか知らんが、だらだらとやるのは不自然に思われませんか。しかし、短時間型の立場を私がとっているのは、とくに理屈があるんじゃなくて、武専以来、自分自身がずうっとそういう稽古で通してきたからです。これも前に言ったが、武専とはいえ剣道の稽古は日に一時間半を超えることは、まず、なかった。とにかく、そういう私のような者から見ますと、最近の若い方々の稽古は少し長すぎるように感じます。

岡村　若い時分から持久力鍛錬をねらっているかのような稽古は、良くないのですね。

石原　良うない。いかんです。早うに息があがる稽古、顔だけじゃ無《の》うて背中まで滝の汗が流れるような、短時間に全力を出し切る稽古が剣道の稽古本来の姿と私は考えます。

岡村　短時間の稽古というのは、それだけ濃密な充実した稽古になるように創意工夫が求められることになりますが、その工夫も、何らかの目標が立っていてこそ、生まれるものではないでしょうか。

石原　目標を掲げることは大切じゃね。とくに私のように田舎におる者は、目標を掲げて稽古せなんだら、自分では工夫しておるつもりでも、稽古をするごとにだんだん剣道が悪くなったりすることがある。私は囲碁が好きでやっていますけれど、好きだから番数はなんぼでもこなせるんじゃが、寸暇を惜しんでやっているうちにだんだんと筋が悪くなる、ということがあります。それと同じですね。

地方にいる身ということで稽古を独自に工夫したことはたくさんありますが、思い出深いのは八段を受けたときですね。

岡村　石原先生が五十歳、昭和四十二年でしたね。八段昇段は前年までは推薦によっていたので、先生は第一回目の八段受審者の一人ということになります。

石原　私は同時に教士も受けたんですが、これもそれまでは推薦制で私の時が第一回目の教士試験だった。この場合は目標がおのずから立ったわけで、あとはそれに向かって稽古をどう工夫したらよいかを考えました。

　その結果、到達したのが、下の人や高校生たちとの稽古で自分にハンディをつけてやる稽古法。面を打って相手が参りましたと言っても、こちらが納得せなんだら一本として数えない。そういう稽古を、受審することが決まってからの一年間、ずうっとやっておりました。そうするうちに、高校生相手にいい技がいったと我ながらひらめくことがある。そうしたら、その日の午後、県警の機動隊の連中との稽古に、それを使ってみるのです。すると、その技の具合の悪いところに気づいてくる。そのときは次の朝稽古で高校生相手に、改良したのを使ってみる、というような稽古を続けました。

岡村　ご自分に厳しく相手に寛容であるうちに、自分が一本と認め相手も認める会心の技を工夫されたのですね。ところで、先生の今のお話の中で興味をひいたことがあります。稽古をしていてひらめいたことを、他との稽古で直後に使ってみる、ということです。ひらめきというのは偶然の産物なのですが、それを必然のものに定着していくのに、これは非常に優れた方法ではないかと感じたのですが、いかがでしょうか。

石原　言われたとおりですね。真剣に稽古をしておれば、「あっ、ここのところかな」と、ひらめくことが誰にもあるはずです。たとえば、かつて出たことのない、ええ面が出たときなどに、そういう直感が働くことがある。大切なのはその後の工夫なんです。そのまぐれの技を翌日の稽古でも、次の稽古でも確かめていく。そうするうちに、その技が、偶然に出たときにひらめいたことが本物である、ということが摑《つか》めてくるのです。

岡村　まぐれの技にせよ、それが出たということはその人の中に、それが出る力が潜在していたということですね。ですから、まぐれであっても、実はまぐれでない。そのことを、稽古を続ける中で確認していくことが大事なんですね。

石原　そうです。ええ技が偶然に出て、せっかくひらめいても、翌日に稽古を休んでしまうと、そのひらめきが流れてしもうて、ついには泡のように消えてしまう。そして、再びそのひらめきは取り戻せないこともある。だから、稽古は中断してはならん。これは非常に大切なことです。

岡村 得意技というものも、最初は偶然に出たのを中断することなく稽古を積み重ねる中から、完成されていくものなのでしょうね。

石原 得意技というけれど、相手が「来るな」とわかっておっても防ぐことが出来《でけ》んようになるまで磨き上げげなんだら、本当の得意技とはいえないのではないかな。持田盛二先生の片手突きは私も頂戴致しましたが、あの片手突きがそうでした。

相手に防がれる間は、まだ得意技じゃない。「一技《ひとわざ》三千本」というが、そういう得意技はおっしゃるとおり、初めは偶然に出たとしても、間断ない稽古の積み重ねから完成されるのですね。

心の匙加減と稽古

岡村 稽古の中断は禁物である、というご教示ですが、石原先生は「剣道は習慣づけである」と常々いわれています。高校卒業の選手がプロになってすぐに活躍する野球などの種目と異なり、剣道は上に到達するまで長い長い年月を要するところに特徴の一つがあると思いますが、「習慣づけ」はそういう剣道の稽古精神に不可欠のことなのでしょうね。

石原　たとえば指導者から注意を受けたり、自分で気がついたりすることで、悪いところを直そうとする。これは焦らず、たっぷりと時間をかけて直していくのですが、そこで大切なのは「直そうとする努力を習慣づける」ということ。この習慣づけができれば、しめたものです。あとは薄紙を日々一枚ずつ重ねていくようなもので、直ってきているかどうかは一週間や十日間ではわからんが、一年経てば薄紙は確実にたまっているわけで、良くなっていることが自分にもわかるようになる。

ついでながら言っておきますと、指導者の先生方から種々直すべき点について注意を受けるでしょうが、その全部を直そうなどとは思わないことですね。

岡村　すべてを直そうとすると、かえって一つも直らない。そういうことですか。

石原　そう。ですから、注意を受けたことの中の何か一つでいい。その一つを完璧に直す努力を習慣づけることです。そうしてその一つが直ると、注意を受けた他の点も自然に直ってくる、ということがよくあります。構え、手の内、竹刀操作、体捌き、足捌き、どれも互いに深い関連がありますからね。

それから、先生に注意されたそのことだけを、視野狭窄《きょうさく》的に考えるのではなく、以前にお示しした剣道の五つの要素―心・気・身・眼・技―の相関関係全体によく思念をめぐらせて、その中で注意点を熟慮黙考することも大切です。

岡村　五つの要素がばらばらでなく、その五つすべてにパイプを通してある姿が剣道の理想形だ、といったお話でしたね。それから、この心気身眼技がパイプを通して相互に助け合う関係、相乗し合う関係を表現するのが先生のお考えになっている剣道だ、という話もありました。そのとき、稽古でその五要素にパイプを通すのも、その根本はやはり心であって、その「心の匙《さじ》加減」が非常に大切だ、とおっしゃっていましたが、このことについて少し補足していただけますか。

石原　「心の匙加減」という言葉はわかりにくいかと思うので、足捌きのことを例に引いて述べると、よく「足は軽く踏む」といいましょう。軽く踏むとは、足首、膝の関節で体重をやわらかく受け、足裏にはすべてをのせないようにすること。こうすると足には軽く体重がかかり、より滑らかな足捌きになるが、今言った「体重を関節で受ける」といった表現は、科学的に説明のつくようなものじゃないかもしれません。

ただ、そういう気持ちで足を踏むということであって、そこのところがなかなか曰《いわ》く言い難いのです。そのような微妙な気持ちの持ち様を、まぁ、心の匙加減といっておるんですが、どうも説明がうまいことといかんね。

岡村　いえ、よくわかります。おそらく読者の方にもわかっていただけるのではないでしょうか。その心の匙加減が心気身眼技のパイプを通すこと、言い換えればバランスを整えるのに大切だということですね。

石原　心の匙加減一つで、剣道は良くも悪くもなります。稽古でも、重ねていく薄紙の厚さが心の匙加減次第で厚くなるはずです。

といっても、このことを稽古の時にいつも意識している必要はない。ふとした時に思い起こして工夫してみるのです。見取り稽古の時でもいいし、先生に技術的なことで注意を受けた時でもいい。五要素のこと、パイプのこと、心の匙加減のことを念頭に置いて工夫すると、上達ぶりも際立ってくるはずです。

生活即稽古

岡村　八段と教士を受審されるとき、自分にハンディをつけて下の人や高校生と稽古するようにした、というお話が先ほどありました。また、この対談の最初のほうで高齢者の剣道について語っていただいたとき、先生は少年相手の稽古でも「胸を借りる」つもりでやる、とおっしゃっていました。言葉では簡単のようですけれど、なかなかできにくいことではないでしょうか。

石原　私のような年齢になると、地方では掛かる稽古が出来《でけ》んから、工夫をせなんだら、とても中央の人たちについていけない。だから、私は少年相手に稽古するときも胸を借りるつもりでやるのですが、そうでなくても、「胸を貸す」という式の稽古は、ともすると受けにまわりがちになるし、受けにまわると自分の剣道が崩れてしまうので要注意です。

　ともかく、私たちの年齢になると、握力も少しずつ弱くなるし、足腰も弱くなるから、日々の工夫がなおさら大切になる。「自掃竹根培老節」（自ら竹根を掃《は》いて老節を培《つちか》う）とは、私が還暦のとき、岡山県の剣連副会長で公安委員長を務められた故赤木元蔵先生に書いていただいた掛け軸の言葉です。自分の年に合わせた日々の工夫が大事だ、そういう意味なんじゃが、先ほど言いました心の匙加減、それから調整力を心がけて日々の稽古に臨むことが、とくに中高年には求められるのではないでしょうか。

岡村　稽古相手の問題に戻りますけれど、私は最近、上手《うわて》に掛かることの大切さを痛感しているのですが。

石原　あのね。いつでしたか岡山武道館の稽古会で、六段の方が上の先生に掛かるのを見ておったら、左足の引きつけができてない。これはあとで注意せなんだらいかんなと思うていたら、その方が次に同じ六段の稽古相手とやったとき、左足の欠陥は少しも出なかったのです。ほんの一例だけれど、剣道に限らず、「道」と名のつくものは友達同士でやっていては上達はおぼつかない。同格での稽古で欠点が出なくなったとしても、それで悪いところが直ったとはいえないのです。上の先生に稽古をお願いして、そこで欠点が出なくなったとき、初めて直ったといえるのですから。

岡村　それから、自分にとって難剣というか、一言でいうといやな相手と稽古する場合がありますね。

石原　ひねくれた剣道でかたまっている相手、難しい相手、お言葉を借りれば「いやな相手」というのは、私にもありますよ。しかし、どんな人でもどこかええところを持っておるわけですから、そういう相手を避けるんじゃなく、竹刀を合わせたら二人で技を創造するような稽古をしたいものだね。

我々の時代には、元立ちには端から端まで、まんべんなく稽古をお願いするのが当たり前とされていましたが、今の若い人たちは自分から元立ちの先生を選択して、その先生だけに掛かるような傾向が見受けられます。それでは剣道の幅が広がらないし、とくに試合の場で千差万別の相手に対したときの調整力ができにくいという面があると思います。

岡村　そこで思い起こしたのですが、石原先生は以前『剣窓』（平成八年二月号）に、相手のタイプをその欠点の出方によって三つに分けておられましたね。守り、すなわち受けの状態が構えに出る人がA型。打つ技に出る人がB型で、これは打ち返されることを警戒しながら打つので、「打つ」と「受ける」が一緒に出るということ。それから、足に出る人がC型で、これは上半身は攻めていても足幅が広くなって、いよいよ攻めて出たときは既に足が広がっているから届かない。そのように述べておられますが、竹刀を合わせて瞬時に、相手がどのような型か見て取るには、日頃から稽古相手を自分の得手勝手で選んでいては良くない、つまり相手を見抜く力はつかないのでしょうね。

石原　相手がどのような攻め型をもっているか。竹刀を合わせた瞬間に肌で感じるようになれるまでにならなんだら、実際の役に立たないのであって、言われたとおり、得手勝手は引っ込めて、どんな相手とも稽古をしたいものです。

それに、いやな相手でも何回か稽古しているうちに、かえって稽古の妙味が出てくるということもある。これもやっぱり、習慣づけじゃね。

岡村　ということは、元立ちは相手を選ばないから、好きな相手だけに掛かっている人より、元立ちのほうが強くなっていってしまうこともありますね。

石原　そういうこともあり得る(笑)。

岡村　いやな相手でも竹刀を合わせたら二人で技を創造するつもりで稽古する、と言われました。剣道の本質、尊い特性は「対立」ではなく「調和」にあるということを前におうかがい致しましたが、剣道の稽古は二人で芸術を創り出す共同作業のような面があるんですね。演劇や音楽のような総合芸術的な面があるわけですね。

石原　そうですよ。一本の有効打突にしても、自分と相手の共同作業によって決まるもんでしょう。相手に納得してもらわなんだら、有効打突の技にならない。その意味で、剣道は「竹刀による対話」ともいえる。

嘉納治五郎先生（柔道家・教育家）の有名なお言葉を引かせていただくと、「精力善用、自他共栄」、これは剣道の本質であり理念であるとも私は思っています。

岡村　相手と自分は二つであって一つのもの。自他不二のところから自他共栄に至るということを実現するのが、剣道の稽古なんですね。苦しんで剣道をされている方は少なからずいると思いますが、先生のお言葉はそういう方に「夢」を与えてくれるのではないでしょうか。

石原　これもまた、心の匙加減一つにかかっているのではないですか。剣道にはもちろん対立の要素はあるけれども、それが全部じゃない。むしろ調和のほうがその本質をなしている、と気持ちを匙加減できたならば剣道が楽しくなるでしょうし、現に私自身がそうでした。いろいろ申しましたが、稽古の工夫といっても、いっぺんに何でもかんでもできるわけはない。十のうち一つが工夫できたら、その一つを足掛かりにして二つ、三つと創意工夫を重ねていくことです。

それから、稽古の場は道場に限らない、ということも心得ておきたい。何でも結構。充実した時間を過ごすことは、きっとその人の剣道を高めてくれるはずです。

岡村　「道場外真道場」「生活即稽古」ですね。とくに中年期以降は年をとるのに加速度を増す感じになる、とよく言われますが、日々を充実させ、その充実した中に剣道を位置づけるということですね。今回も貴重なお話を賜わりましてありがとうございました。

京都大会の朝稽古で元に立つ石原忠美90歳（平成18年５月）

第十話　高段者に求められるものは

いまだ「離」たりえず

岡村　私は戦後派剣道人の中でも一番上の世代に属している一人ではないかと思いますが、戦前に剣道を修行された先生方からお話をうかがっていると、戦前の剣道と戦後のそれとの技倆の格差というものが痛感されることがよくあります。剣道を高尚な文化として後世に伝えていくのに、これは見過ごしておけない大事な問題ではないかと思うんです。自分のことはさておいて、あえておうかがいしますが、高段者における戦前と戦後とのレベルについて、石原先生のお考えはいかがですか。

石原　戦後の剣道が「しない競技」という名称のもとに出発したことは、周知されていますね。この時点で剣道が少しく変化したことは、否めないのではないでしょうか。ということは、戦後の剣道は戦前の剣道の完全な復活とはいえないということ。剣道の武道的要素が薄められて、その分スポーツ的要素が濃くなったといえましょう。戦前と戦後との技倆の違いを今、指摘されたけれど、それ以前に、そういう相異のあることを認めておかねばならんでしょうね。

岡村　剣道は武道かスポーツか、という問いかけが、しばしばなされております。そのような二者択一的な問題意識は、そのこと自体また問題にされなければならないのでしょうが、少なくとも戦前派の剣道人は、剣道即武道である、という揺るぎない自覚があったように感じます。その違いは稽古の眼目とするところにも当然のことながら反映されていると思うのですが、いかがでしょうか。

石原　昔の稽古は一言でいうと「いじわる」じゃったね。たとえば武専で師事した宮崎茂三郎先生ですが、この先生に掛かるといつも待ち突きでやられる。私は見てのとおりの体格ですし非力ですから、それがいつも恐ろしゅうてならなんだ。けれども、三年生の時でしたが、ある時「今日はどんなことしてでも突きで一本取ってやる」と自分に言い聞かせて、もう命がけで突いたところが、まともにそれが入ったんですよ。私としては宮崎先生から手ひどいお返しがあるものと覚悟しておったのです。ところが、意外や、先生はそれから普通に稽古をつけられただけでしたし、その後はむやみに待ち突きでいじめるようなこともされなくなったんですわ。

何も言われなかった先生ですが、あとになって思い返して、先生は私の気の足らんところを矯《た》め直そうとして、ああいういじわるな稽古を強いられたんじゃろう、そして捨て身の気がやっと出たのを「可」として稽古を従来と変えられたのだろうと、そんなことを思いました。
このように、一事が万事、総じて昔の稽古は理屈ぬきの百錬自得に徹しておったものので、それから見ると、今の稽古には優しい空気があるといえましょうね。

岡村 武道家としての骨格を持ったそういう先生方に、石原先生は教えを受けてこられたわけですが、影響を受けた先生のことについて、あらためてお聞かせください。

石原 どの先生の影響を受けて今の自分があるか、そのお名前を挙げるとなると、それは皆さん同様に、際限がないですよ。
武専ではまず小川金之助先生ですが、先生は当時すでに「神様」のような存在だったですからね。それから中学（岡山黌）の先輩で私の武専入学時の保証人になってくださった黒住龍四郎先生、佐藤忠三先生、今申しました宮崎茂三郎先生、いずれも多くのことを教えられました。京都の武徳会本部では田中知一先生に、とくに足捌きを学びました。大阪府立豊中中学教諭時代は武専の先輩の川上徳蔵先生に、これまた種々教えを受けました。剣道もさることながら、この先生には酒の修行もさせられた（笑）。

岡村　その方面の恩師もおられるのですね(笑)。

石原　ご自宅の隣りに下宿していたこともあって、川上先生に毎晩のように市内の料理屋を引き回されてね。先生は典型的な「はしご酒」型で、お銚子一本あけたらすぐに次の店へ行くのはいいけれど、自動車のない馬車の時代じゃったから、点々として転がっている馬糞を縦横《たてよこ》に踏んづけながら夜道を歩かなきゃならんかったことを思い出します(笑)。

天王寺の武徳殿では、越川秀之介先生にお願いした稽古で得たものが大きかったな。田中先生と同じく越川先生も小柄だが、非常な業師で、ちっとも触《さわ》れなんだ。ぽこぽこ打たれましたけれど、打たれるのは仕方がないが、いつ間合に入られたのかが全然わからん。こちらが打ち間《ま》に入ろうと動く、その先々の先のところで遣われておったのですね。つまり間合が明るく、足捌きが絶妙なのであって、それを見取り稽古で学びました。

それから岡山出身で東京におられた鶴海岩夫先生。さらに先生の兄上には仲人をしていただいたんですが、やはり足捌きを見習いました。そのほか長崎の小島主先生、とくに呼吸法について大いに啓発された松本敏夫先生など、影響を受けた先生を挙げるとやっぱりきりがないですね。

岡村 鶴海先生、小島先生のお名前が出ましたが、そういう錚々たる先生方も持田盛二先生との稽古では歯が立たなかった、というお話を前におうかがいしましたが。

石原 両先生だけじゃない。ほかにも八段、九段の先生方が掛かったが、まさにかすりもせんうちに二、三分ですぐに掛かり稽古になって、切り返しをやって稽古終了というぐあいでした。昭和三十四年ですから私は七段で、次々に大先生方がまったく歯が立たないのを見ておって、よし俺は若さと馬力で持田先生から一本はいただくぞという意気込みで稽古をお願いしたんですが、蹲踞から立った瞬間、息が半分あがってしもうた。腕も股もカチカチになり、「しびれる」とは、こういうのをいうのでしょうね。

目に見えない投網《とあみ》をぱっとかぶせられたようで、もう身動きできん。竹刀を交えてみないとわからない、底ぬけの強さが先生にはありました。そのとき持田先生は、私に何もおっしゃらなかったが、「剣道は打ったり突いたりするだけのものではございませんよ。石原さんは心気の工夫をすることです」と、そんな無言の啓示を受けたように感じたのです。

岡村　多くの先生方が、持田先生に稽古をお願いして、その中から各先生各様にいろいろなことを吸収された。石原先生も心気の工夫の大事をそこで学ばれて、それから剣道の少し深いところがわかってきたと語られていることが、素晴らしいことに思われてなりません。先生は持田先生七十三歳の時に、持田先生にめぐり逢われたのですが、それから四十年余を経て、今は当時の持田先生のお年をはるかに越えられていま す。どうでしょうか。守破離という言葉がありますが、すでにその「離」の境に入られているのではないですか。

石原　とんでもないことです。年齢は関係ない。まだまだですよ。今たまたま「心気の工夫」と言いましたが、意識下でそれを工夫しておる間は、離の境界には遠く及ばないのではないでしょうか。

岡村　けれども、工夫というものは意識の領域で行なわれることであって、その工夫の厖大《ぼうだい》な実践的な集積があってはじめて工夫を離れることができる。こう私は想像しているのですが。

石原　言われるとおりですが、心気は、いろいろな工夫を無意識に遣えてこそ真の役に立つもので、私などはまだそこまで至っていません。

もう一つ付け加えておくと、剣道は機を見て打つものだといわれますね。ところが、実際にはその瞬間が機であるという判断が確かにはつかないうちに、機と見て打つ場合が多いのです。これが真の機を見て打つことができれば、それが最高の打ちになるのであって、そこに容易に超え難い段階があるのです。

持田盛二先生の底ぬけの強さの大本《おおもと》は、観見で機を見るという段階を得道《とくどう》されて、その上の一刀流の捨目付《すてめつけ》の極意に進まれていたのではないでしょうか。

岡村 「捨目付」とはあまり聞きませんが、どういうことですか。

石原 笹森順造先生著『一刀流極意』には書いてあります。「形に見える目付を捨て心にて過去現在未来等全ての真相を直観する明哲至極の位に登る目付」をいうのですが、我々凡人にはちょっと難しいですね。

めざしたい天下通用の剣

岡村 ご自分は離の段階に入っていないという謙遜ともとれるお話を、いろいろな意味をこめて感動的にお聞きしていたのですが、うかがっているうちに、なぜか故・小川忠太郎先生の言われたことが想い起こされました。それは十段制度の導入についてお訊《たず》ねしたときですが、小川先生は、十段はつくらないほうがいい、と前置きされて、もし仮につくるとしたらということで、十段になる条件として、二つのことを挙げられたのです。その一つは、真に卓越した技倆を具《そな》えた人であること。もう一つは、十段を欲しがっていない人であることでした。このように小川先生が明言されたのは、よくいわれる「永遠の未完成」こそ尊いのだということ、自分が未熟であるという自覚があるからさらに精進できるということが重要なのだという意味あいもあったのではないかと受け取っていますけれど、先生は今の時点ではどのようにお考えになっていましょうか。

石原　この席で私は剣道についての現在の考え方を述べさせていただいているんですが、振り返ると、その考えも僅かずつ変わってきたと思います。年代に応じて、あるいは修行の段階に応じて考え方が変わるのは、思えば自然なことであって、大事なのは、その時その時に自分が正しいと考えていることをお互いに出し合うことじゃなかろうか。それを以前と考え方が変わったからといって揚げ足を取るようなことは、剣道のさらなる発展のためにはならないでしょう。ただし、これはあくまでも私個人の、今まで話したことのない考えであります。これもやはり持田先生の影響でしょうか。持田先生は十段を辞退されようとした方ですが、持田先生こそ小川忠太郎先生の言われる「真に技倆の卓越した方」でした。あのような先生はもう出んのじゃないか、と私は思っています。

岡村　持田先生の剣道における、あるいは人間としての境地の高さは、我々の想像をはるかに絶するものだったのですね。

石原　本当に「天下通用の剣」を遣われたということです。斎村五郎先生、小川金之助先生もそうです。持田先生に稽古をつけていただいて、今どき、こんな不思議な剣道があるのかと実感できたのは、私のかけがえのない体験になっております。

岡村　明治以来の剣道の本当の凄さ、強さ、素晴らしさがそうした先生方の剣に残っていた、と言い換えてもよろしいですか。

石原　結構です。本当にそう思います。昭和天覧試合の例を引くと、ビデオで見るとわかるが、素晴らしい試合ばかりですね。場外の制限も鍔ぜり合いの制約もないにもかかわらず、まったくといってよいほど鍔ぜり合いが見られない。試合も中断することがない。「分かれ」と審判に告げられなくとも、打ったあとすぐに引き技を放ち、そこで間合を切っている。そういう試合、そういう稽古で練り上げられた剣であることを、忘れちゃならんでしょう。私たちも、志としてはそのような天下通用の剣をめざしたいものですね。

中庸とは何か

岡村　今回は、高段者に今、求められていることは何か、ということについておうかがいしようとしているのですが、何か付け加えていただけることがありましたら、もう一言お願い致します。

石原　高段に昇段するのに大切なことは何か、というご質問でしたら、私にはまず第一に申しておきたいことがあります。すなわち、健康です。

何だそんなことかと思われる向きもあろうが、これは本当に大切なことですよ。称号や高段位の制度は、剣道のレベルが下がらないようにするため、あるいは奨励のためのものであるという側面がある。それは確かにそうだろうと私も思うのですが、年をとっても健康でないとつとまらぬ制度、という面もあるのではないでしょうか。とくに今は、ある程度の年に達した人が高段者になるという傾向があるのですから、健康との兼ね合いに常に留意しておかんと、そこに昇ったがために寿命を縮めることになりかねない。極端に言いますと、すでに健康に問題がある方は高段位は受審しないほうがよいのではないかとさえ、私は思っています。

そうならないために、つまり健康を害しないために、年齢に応じた剣道を工夫されることを、今まで私はくり返し〳〵すすめてきたのですよ。

岡村 その年齢に応じた剣道の工夫で大切なことの一つに、「中庸《ちゅうよう》」を心がけておくべきだ、というお話がございました。中庸とは、右と左との中間ではない。大と小との平均をいうのでもない。不偏不倚《ふへんふき》で過不及《かふきゅう》のないこと、中正《ちゅうせい》の道、と辞書にありますが、真理に中《あた》っている道というのが漢籍にある原意のようですね。

石原 中国の四書《ししょ》の一つ『中庸』に、「中庸は徳の至れるものなり」とあります。至高の徳、最高の価値が中庸だとしてありますが、今の問題に当てはめて言うと、年を無視して無理をしないように、同時に充実した稽古ができるようにすることが、中庸を得ることにつながるのではないか、あるいは中庸を得た稽古といえるのではなかろうか。

岡村　中庸ということは剣道の技術の上でも大切なことで、あえてその言葉を用いていない場合でも中庸を説いている、ということが古今の書を読むとよくありますね。たとえば、石原先生がご自分の剣道に裨益《ひえき》するところがあったと言われる宮本武蔵の『五輪書』に、「心を広く直《すぐ》にして、きつくひつぱらず、少しもたるまず、心のかたよらぬやうに、心をまん中におきて、心を静かにゆるがせて、其《その》ゆるぎのせつなも、ゆるぎやまぬやうに」とあります。「兵法心持《こころもち》」の教えの条で、石原先生がこれを工夫されたことは前にうかがいましたが、これなどは心の持ち様は中庸であるのが一番良い、といっているように解釈されるのではないでしょうか。

石原　そうでしょうね。さらに、『五輪書』には、「有構無構《うこうむこう》」ということも書かれている。「構《かまえ》はありて構はなきといふ利也」ということだが、これも中庸の理に立った教えの一つでしょう。まぁ、我々は自分が理論を新発見したつもりで語っていることが多いけれども、たいていのことは先賢がすでに発見している場合が少なくない(笑)。

岡村　私もさまざまな場で話をさせていただくことがありますが、「先達の言葉や書物に書かれていることで、なるほどと思ったことばかりをお伝えしているだけで、自分が発見したことは何一つない」と、お断わりすることがよくあります。皆さんにお伝えしたいことを石原先生からたくさんお訊きできて、本当に感謝しております。

石原　それが過大評価にならんとええんじゃが(笑)。ただ、良書は何度でも読まれることを、とくに上をめざしている方にはおすすめしておきたいですね。私にとっては第一に『五輪書』ですが、読むたびに発見がある。いまだにそうだね。

それはともかく、中庸は、高段者の剣道に求められる理念として最重要なことの一つです。「ため」も中墨《なかずみ》（中心線）を崩さない心得も、攻めも、打ちも、すべて中庸でなければばならない。ただし、守りにまわった中庸ではいけないのです。言い換えれば「円相無限」の境地に入ることなのですが、これについては機会があればまた私見を述べさせていただくことにします。

岡村　その「円相」という言葉をこの本の題名にも入れさせていただいたのですが、「円相」が大事ということですね。仏教などで説かれる円相と、剣道を芸術として捉えておられる石原先生の言われるそれとの関わりは、また、大変興味のあるところです。今回は大変難しいことが多く出てきたのですが、ゆっくり考えてみたいと思います。本当にありがとうございました。

第22回全国高等学校・中学校剣道（部活動）指導者研修会の特別講師として招かれ、「攻め打ちの手順」と題して講話する（平成11年1月4日、千葉県勝浦市・日本武道館研修センター）

第十一話「攻めこそ一大事」について考えること

攻めを引き出す

岡村　千葉県勝浦市の日本武道館研修センターで毎年一月四、五、六日に行なわれている「全国高等学校・中学校剣道（部活動）指導者研修会」も今年（平成十一年）で二十二回を数えます。その中の恒例の教養講座で、今回は石原先生に「攻め打ちの手順」という題のもとに貴重なご講話をいただきました。この研修会は指導者の知的訓練と交流を目的としています。柱となっているのは指導者の皆さんが剣道に対する、より深い認識を持ち、自らの剣道を向上させ、あわせて指導力を向上させることです。ですから、非常に高度の技術の講習も行なわれています。石原先生のお話は、その高度の技術にふれる一方で、それと表裏一体のものとしてある「剣道の理念」にわたる内容の濃いもので、参加者（一六〇名）にとっては、資するところが大であったろうと思います。ただ、何にせよ、限られた時間内でのお話だったので、先生としては充分に意を尽くすに至らない部分もおありになったのではないかと思います。また私も、もう少しお聞きしないとよく理解できないところもありましたので、今回は講話の中の幾つかの点を取り上げ、さらに詳しくおうかがいしたいと思います。

石原　私は人前で話をさせていただく際には必ず原稿を準備しますし、今度も数度にわたって原稿を書き直して、伝えたいことを何とか時間内におさめようと努めたんじゃが、こればっかりは幾度場数を踏んでも上達しませんな(笑)。――さて、何から始めましょうか。

岡村　そのときの研修生が中学・高校の学校剣道指導者たちということで、中高生に対する「攻め打ち」の効果的な指導法に言及して下さいました。ここで、「攻め打ち」ということについて、先生のお話から私が理解したことを手短かに述べてみます。まず、「攻め打ち」と「攻めて打つ」とは理を異にすること。――「攻めて打つ」の打ちは二拍子の打ちになりやすく、遅れをとってしまうことが多いので、望ましくない。これに対して、「攻め打ち」は一拍子でこれを行なう打ちであること。また、その一拍子の打ちは「攻めて打つ」と「打たせて打つ」、すなわち、仕掛け技による打ちと、応じ技による打ちとが表と裏の関係にある、ということ。――こういう理解でよろしいでしょうか。

石原　おっしゃるとおりで、付け加えることはありません。

岡村　先生は岡山県警を定年で退職（昭和四十七年）され、同県警の嘱託師範をつとめると同時に進学校と農業高校との二校の非常勤講師として、およそ十年にわたって正課（剣道）と部活動で教授されています。そして、西大寺（岡山県）の武道館で教えておられる中には小学生から高校生まで含まれているわけですが、そうしたご経験の上から、その「攻め打ち」を中高生に効果的に指導する方法を示されたのでしたね。

石原　あのくだりはとくに言葉足らずじゃったかも知れんが、こういうことなんです。……「引き立て稽古の名人」と称えられた範士九段・中野宗助先生の川柳に「言《は》えば立て立てば歩めの親心」というのがあるけれど、中高生の初級者（初段以下）を指導するのに大切なのは、この「親心」だと私は思うのです。

具体的には、元立ちはあえて隙《すき》を与えてやる、間合を取ってやる、大声を出させる、そして正しく大きくのびのびとした打ちを引き出してやることですね。それから、相手が中級者になったらこれはよほど稽古ができるようになっておるから、良い技では打たせるが無理な技は打たせんこと。そうして気迫・決め・先《せん》といったことを自得できるように導くのです。上級者、これは三段ぐらいのところですね。この段階の生徒に対するときは、もう、打たせちゃならん。「攻めて、機を作って、打つ」ということを自得させるように指導することが大事です。

岡村　そのときに元立ちとして指導すると同時に、自分の稽古にもなるために注意すべきことがありましょうか。

石原　そこが先ほどの「攻め打ち」の裏の側面――「打たせて打つ」を一拍子で行なうということ、すなわち応じ技による打ち、これを元立ちは稽古するとよいでしょう。ですから打たせるといっても、空けすぎて打たせるのではなくて、すぐに応じ技が出るという体勢で打たせることを、初級者が相手のときも心がけておくこと。それから、元立ちは流れるような足捌きをつかうこと、右足だけでなく、とくに左足を打ち間にすっと持っていく、といったことを稽古することですね。

一方、高校生の足捌きの指導についていうと、縦《たて》直線の足運びを稽古させることが大切です。左右に開く足遣いは変化するときのもので、ともすると「逃げの剣道」につながりかねないので要注意です。それから、打って出たあと元の位置にさーっと引くことをしっかりと教え込む。引きが足りないから前へ前へと詰まってきてしまうのを、よく見かける。なぜ「引き足」を稽古させるかというと、これがきちんとできると、おのずから「出足」がつくからなんです。

岡村　足捌きについては折にふれてお話をして下さいましたが、付け加えていただけることは何かございましょうか。

石原　松本敏夫先生は、重心は両足の真ん中にかけて、力は前足（右足）に三分、後足（左足）に七分かけるように、と教えられていましたが、前足に三分云々とは、その下に紙一枚置くような感じに軽くしておく、というふうに私は解釈しております。また、足裏全体で床を踏むのではなく、足首で体重を受ける心持ちでいると、無理なく足は捌けるものです。……これは余談にわたるけれども、高齢になるにしたがって、足捌きにも「省略」を心がける稽古をするとよいのではないかと思います。踏み込む足は大事だが、いつまでもどたどた音のするもんであっては、膝に障《さわ》りが出やすい。面打ちはそれでないと決まりにくいでしょうが、小手・胴の打ち、突きは、すり足をおりまぜて稽古することをおすすめしておきます。

岡村　何か私のことを言われているような気がします。今、六十を越して稽古量を増やしているのですが、膝に障りが出てきているんです。

「攻め打ち」の手順

岡村　「攻めこそ一大事」と、よく言われます。私の師匠の湯野正憲先生も攻めを最も大事にしておられましたが、一つには、攻めがなければ相手との相互作用である剣道そのものが成り立たない、というお考えがあったからだと思います。その相互作用、相対的関係をいうのに石原先生は「剣道は竹刀を以ての対話だ」と常々言われていますね。この点、もう少し詳しく、お話していただきたいのですが。

石原　「対話」というものは、単なるおしゃべりじゃないでしょう。自分としては相手に大切なことを聞いてもらって、理解し納得してもらうという目的があるわけですから、対話の場に臨んでは相手の都合を聞き、礼を尽くし、言葉を選び、気持ちをよく観察し、大切なことを聞いてもらえるように話を進めなんだら、対話になりませんね。

そうして納得してもらうのですが、この話の進め方が剣道では「攻めの手順」というものであり、相手に納得してもらう「有効打突」に相当するものだと私は考えているんです。だから、この攻めの手順の中の一つにでも無理があったら、竹刀による対話は成立しない。すなわち、「攻めこそ一大事」ということになるのです。

岡村 ここでちょっと先ほどの講話の一節を引かせていただきます。「剣道の攻め打ちは、簡単なようですが、複雑な攻めの手順を内に秘めて、しかも表現するときには瞬間的に単純化して打突し、それが現代剣道の試合では勝敗となり、真剣勝負であれば生死の分かれるところとなりますから、昔から一大事であるといわれた所以《ゆえん》であると思うのであります」とおっしゃられています。……唐突ですけれど、絵画でも音楽でも、優れた芸術作品はきわめて単純化されて表現されている、という話を耳にしたことがあります。しかし、それは表に現れた部分のことであって裏には非常に複雑な要素を内包しているという。剣道も表に出た打突そのものは単純に見えても、有効打突につながる攻めの手順は複雑であって、そこにまた、剣道という日本文化の滋味《じみ》、そして奥行きの深さがあるのでしょうね。ところで、石原先生は先ほどの講話で、その複雑な「攻め打ちの手順」を八つに要約されていますが（図D参照）、もう一度確認させて下さい。

石原 稽古や試合で私がこれまで学んだ「攻め打ち」を自分なりに八つのコースにし

ぼり込んでみたもので、もちろん、このほかにも手順はさまざまありましょう。

岡村　先生のお話をこの図に即して私なりに復習してみます。まず、打つべき好機（三つの許さぬところ＝出ばな、尽きたところ、居ついたところ）を打つことを目標とするが、「攻め」とその「打ち」との間には八通りの手順があって、いずれも一拍子で、つまり攻めイコール打ちの理でこれを行なうこと。その手順は①〜④と⑤〜⑧との二つのブロックに分かれること。①は攻めて・機を観(見)て・機を知って(捕えて)・機を作って、打つことだが、この手順を一度に踏まえて打ちにつなげるのは難しく、そこで②〜④を組み合わせて打ちにつなぐ手順もあるということ。⑤は攻めて・乗って・破って・崩して、打つことだが、①同様に一

図D　攻め打ちの手順

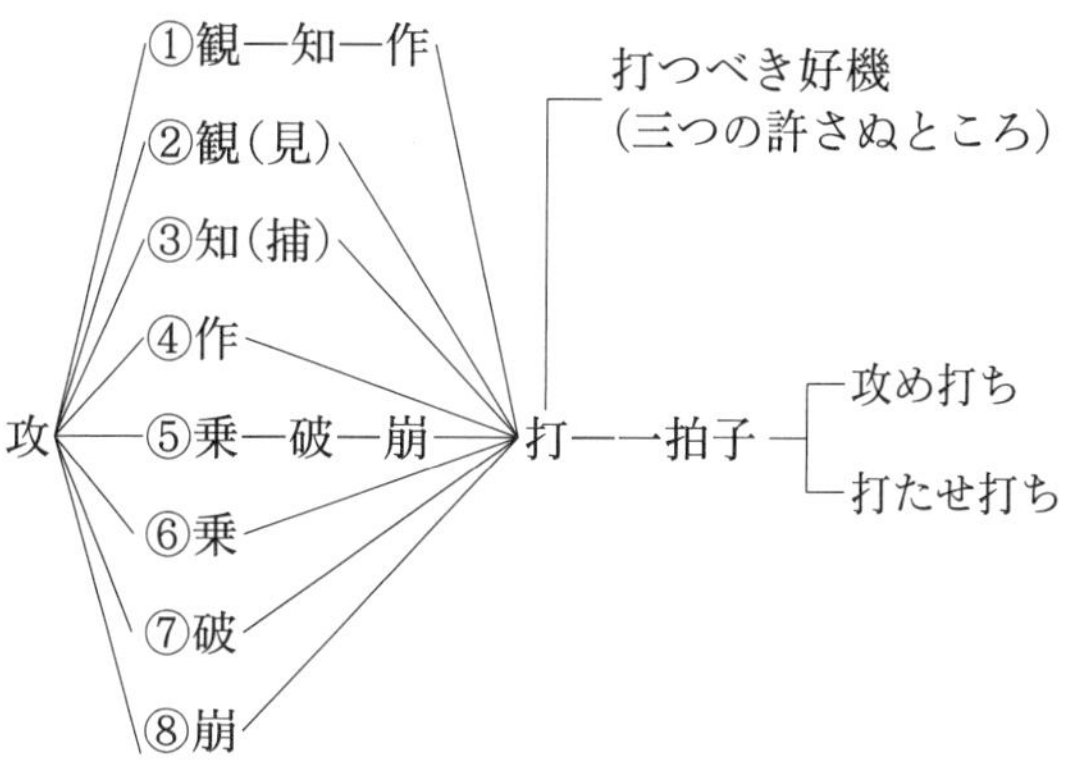

つだけではできにくいときもあるので、⑥〜⑧をまぜ合わせて打つ手順もあってよい。……こんな解釈でよろしいでしょうか。

石原　おおむねその通りなのですが、機を観る、ということに付け足しておくと、その「観《かん》の目」（いわゆる心眼）とともに、竹刀の触れ合いから伝わってくるものを併用するということです。そのためには竹刀を握る手の内はほどよくあるべきでしょう。固く握りすぎると、竹刀から移り伝わってくるものが手の内のところで遮《さえぎ》られて停まってしまいますからね。感じでいうと、竹刀を腹と腰で持つような心持ちの手の内であってほしいのです。

岡村　竹刀の柄の握りが固すぎると感得しにくい。またそれは、固すぎると相手の状況を感得しにくい、自分の攻めがそこで停滞してしまい、攻めが相手に伝わらないということにもなりますか。そうなると、先ほどの「竹刀による対話」としては、不都合なことになりましょうか。

石原　そうです。再三申し上げてきましたが、相手を無視して、瞬発力に物をいわせて自分本位に技を決めるのが剣道と見立てるのには、どだい無理がある。攻め合いに主導権を持って攻め勝つのは「対立」の段階ですが、剣道はそこにとどまるものではなくて、その先に「調和」の段階がある。この段階では、相手と協調しあってはじめて基本どおりの技が決まり、一本の有効打突として完結するのです。竹刀を握る手の内一つにしても、調和という理念で打つという志をもって工夫していただきたい。

剣道は対立とともに調和の理の上に成り立っている、ということが得心できたのは私の場合は遅くて、四十を過ぎてからでしたが、理想としては、高校生を含めての若い人たちがこのことを早く理解できたら、剣道の間口も広くなり奥ゆきも深くなるはずです。そうなると、剣道の将来はより明るくなる、と私は信じているのですが……。

〝空〟の攻め

岡村　ここでまた「対立」の段階のこと、攻めの話に戻りますが、先の講話で石原先生は今ご紹介させていただいた攻めの手順について語り、ついで、その手順の出発点である攻めにどのような方法（攻め方）があるかについて話されました。その中で「三殺法」（一般的には、気を殺し、剣を殺し、技を殺すということ）——相手を硬化させ最後にはしびれさせるまで持っていく攻め方・四病（驚・懼《く》・疑・惑）を起こさせる攻め方・主導権を取って引き回す攻め方――のことにもふれておられます。そして、その攻め方をさらに具体的に、攻めの所作と要点を、気による攻め・剣による攻め・体による攻めの三つに分けて挙げられましたね。今度は、その中の「気攻め」についいて、もう少しお聞きしたいのですが。

石原　剣道は「気の文化」とされるくらいですから、気から発動される攻めこそは剣道の攻めの本体といえる。ところが、気攻めとは非常に幅の広いものでして、上は命がけの捨て身の気攻めから、下は「思いやり」の気攻めまである。

「思いやり」とここで言っているのは、同情という意味ではなくて、相手の気持ちを想像したり思慮したりすることです。なぜそれが大切なのかというと、相手の気持ちがわからなんだら、攻めどころがわからんからです。気の攻めには、こういう寛容の気持ちも必要とする攻めも含まれるのではないでしょうか。

岡村　その気の攻めを遣う具体的な所作として、十四の要点を挙げられた中で、とくに「乗る」「辛抱」「引き回す」「心の匙加減」の四つに注意するように、とのご指摘がありましたね（図E参照）。

石原　そもそも攻めの所作を気・剣・体の三種に分けたのは、そうしたほうが皆さん

図E 攻めの所作と要点

1 気(14項目)

□乗る、ゆさぶり、気当たり、○□辛抱、意表、四病、せかせる、合気または外す、機、間、誘う、□引き回す、捨てる、○□心の匙加減

2 剣(14項目)

□破る、張る、巻く、払う、打ち落とす、押さえる、もたれる、制する、凌ぐ、たたみかける、表裏、○△つける(続飯付…手の甲)、○△置く(つっぱる、待ち突き不可)

3 体(7項目)

□崩す、出る、かわす、足を盗む、大きく見せる、○両足を相手に向ける、○バランス

○(辛抱、心の匙加減、つける、置く、両足を相手に向ける、バランス)の6項は、本来攻めでないが、無意識にうまくできれば攻めに作用するという私見

□(乗る、辛抱、引き回す、心の匙加減、破る、崩す)の6項は、1・2・3にまたがるように使えば、さらに効果が上がる。

△(つける、置く)の2項は、剣先を中心につける、中心に置くということで、心の匙加減を伴えば立派な攻めになる

——印は60歳以上に大切なポイント

の理解が得られやすいだろうと考えたからで、つまりは便宜上の分類なのです。たとえば「乗る」ということにしても、気で乗り、剣で乗り、体で乗って、はじめて効果的な攻めとなる。ほかの三つも気・剣・体にまたがるように遣って攻めの効果を高めてほしい、ということから注意をうながすために仮に分類してみたのです。

岡村　「心の匙加減」については既に第九話で語っていただきましたし、「引き回す」ということも今回述べていただきました。もう一つの「辛抱」ということ、これは持久力の関わる気攻めですか。

石原　そうですね。「辛抱」というと「受け（守り）」一辺倒の所作のように受け取られがちですが、無意識に「辛抱」ができたとき、これが攻めとして働くのです。そういうところが剣道にはある……。

岡村　その「無意識に」というところは難しいですね。おそらく読者の多くにとってもそうだと思いますが、私にとっても大変な課題です。

石原　まあ、そう言わないで聞いて下さい。私は攻めの所作を幾つか挙げたけれど、これらは必要最小限に使うことを試合では心がけておいていただきたいし、さらには、身につけた所作を忘れるというところまで精進してもらいたいと願っています。

といいますのは、人間、自分が身につけたものを頼りにするのは至極自然のことなんだが、これに頼りすぎると攻めが効かんようになり、逆に、その頼ったところを相手に致《いた》される（遣われる）ことになりかねないのです。ですから、攻めも極まるところは無意識の攻め、〝空《くう》〟の攻めにあると言えましょう。宮本武蔵のいわゆる「萬理《ばんり》一空《いっくう》」のところです。

岡村　武蔵の『兵法三十五箇条』に「萬理一空の所、書《かき》あらはしがたく候へば、自身《じしん》御工夫なさるべきものなり」とある、それですね。上には上の攻めがある。その攻めに到達するのは容易ではないが、だからこそ剣道を生涯続ける価値がある、ということも言えますね。「攻めこそは一大事なり」とは、そうしてみると、剣道人生のあり方を啓発する言葉としても響いてきます。

石原　「攻め」について私見を述べさせていただきましたが、所詮これは剣道の〝表〟の側面にあること。剣道の〝裏〟には心気の工夫、克己心の涵養《かんよう》といったことがあって、それが人間形成への道につながってくるのだと思います。

着物は、むろん表地《おもてじ》も大切じゃが、裏地も表地にふさわしいようなものをあつらえねばならんでしょう。剣道も同じです。〝裏〟を工夫することで〝表〟を向上させ、

〝表〟を工夫することで〝裏〟を向上させる、というように、生涯にわたって一歩一歩、表裏一如で自分を高めていくところに、剣道の本当の価値、理念があるはずです。「攻め」の工夫は、そのための一つの命題なのですね。

剣道で難しい、大切なことは次の三つのことだと考えます。

一、技を決めること、決めさせないこと。

（初一本か、すべてが帳消しになる最後の一本か）

二、ねばりがあり、崩れないこと。

（息が続き、老醜を出さないこと）

三、理念を踏まえた剣道であること。

（基本、剣道形）……検証にはこれを重ね合わせて考える

この三つを完璧に表現するためには攻め勝っていて、はじめてできることであります。

岡村　攻めと生涯剣道、攻めと人間形成というところまでつないでいただきまして本当にありがとうございました。大変難しいことがたくさん出てきていますので読者の皆さんとともに私もゆっくり考え、少しでも実践に移していきたいと思います。

教養講座を終えた後、生涯剣道について語る二人

第十二話 新たな水を求めて井戸を掘る

生涯剣道の基礎づくり

岡村　この対談も最終回を迎えることとなりました。そこで今回は、剣道の気運がようやく高まりつつある折から、すでに随所にふれていただいてきたことでもありますが、「生涯剣道」ということについての石原先生のお考えを、締めくくりの意味でお聞かせ願えれば幸いです。私事にわたりますが、私は自分の意志力を高めたいと考えて中学生の時も少しはやったのですが、本格的には高校生の時から剣道を始めまして、いま数えてみると五十五年間、竹刀を握り続けてきたことになります。年も六十九になりましたけれど、剣道への愛着はますますつのるばかりで、よく「剣道の一体何が自分を惹きつけるのか」と、自問してみることもあります。それは言葉ではなかなかうまく表わせないのですが、結局、年齢や体力や性別などにかかわらず稽古が継続できる、しかもやりようによっては上達し続ける可能性があるという特性が剣道にある、そしておもしろい、ということに集約されるような気がしてなりません。石原先生は私より二十余歳年上（九十歳）であられますが、この点、いかがでしょうか。

石原　まったく我が意を得たりのご意見ですね。私のような年齢になりますと、皆さんがちょっと想像される以上に、いろいろな力が衰えています。たとえば、握力もね。晩酌で日本酒の栓をぬくのに自分では能う出来《でけ》んほどに弱くなりましたな(笑)。これで剣道がよくできるな、と自分でも思うくらいじゃが、それでも竹刀を握り、遣うことはできる。それは竹刀を通した攻防の中で相手の力をうまく使えるところがあることです。

いま言われたとおり、このようなところに剣道というものの特性――おそらく最高の特性があって、そこから、汲めども尽きせぬさまざまな魅力が滾々《こんこん》と湧き出てくるのだと思います。

岡村　当世風の表現を用いると、生涯体育として非常に向いているという特性が剣道にはある、と言えましょうが、一方で、その特性を効あらしめる工夫が剣道を愛する人それぞれに求められる。すなわち、自分自身の「生涯剣道対策」を練ることの大切さですね。

石原　剣道には段階というものがあります。十級からはじまり仮に十段まであるとすれば、二十段階あることになる。中高年から始める方もおられるので、その段階に年齢が必ずしも相応しているわけではないが、段階に応じた剣道を工夫することが、具体的には個々の生涯剣道対策の大きな柱の一つとなりはせんでしょうか。
最初は遊戯に近い運動であっても、段階を踏み上がるごとに体育スポーツに、さらには武道へと向上させていく方向性をその「対策」の根幹の一つとして意識しておいて下さると、理想的ですね。

岡村 段階でいうと、だいたい三段くらいまでが、いわゆる「学校剣道（高卒時までの剣道）」の時期に当たりますが、先生は学校剣道を生涯剣道のなかでどのように位置づけられますか。

石原 生涯剣道の上で大切な基礎づくりの場――それが学校剣道であると思います。前にも申しましたが、高校卒業の頃まで剣道を続けていると、たいがいは三段くらいになるでしょう。そうすると、たとえその後、勉強や就職などによる中断の時期があっても、再び剣道を始めたときに「剣道の痕跡《こんせき》」が残っているから自然に復活できるようです。しかし、小・中学生でやめた人は痕跡がまったく無くなっているから、いわゆる中年剣道の欠陥が出て苦労されているようです。中年あるいは高齢になって竹刀をとるようになる人の中で、むしろ多いのはそういう人たちじゃないかな。

岡村　比率の上では多いでしょうね。しかし、小・中学生の経験も生きかえるということもかなりありますよ。中年から始めた人と小・中学生の経験を持つ人では少し違うところもありますね。具体的な数字はここに持ちあわせていませんけれど。

石原　剣道を未来へ向けて伝えていくためには、強力な実力者を育成してトップ・レベルを上げる必要がある。同時に、剣道の裾野を広げ、かつ充実させる必要があります。その見地からすれば、経験の内容に差があったとしても、剣道を再開する人が増えるのは大いに結構なことです。そのためにも学校剣道で、のちのち「痕跡」となって残るような剣道の指導を行なわねばならんでしょう。

岡村　生涯剣道の上でも、剣道という文化の伝承の上でも、学校剣道はその基盤となる、かけがえのない時期、場であるということになりますね。そうすると、学校剣道の指導に当たっている先生方には、剣道嫌いをつくらないようにする努力、剣道がますます好きになるように導く努力が求められることになるわけですが、この点で一番大切なことは何でしょうか。

石原　正しい剣道が大きな素晴らしい「夢」に通じていることを、稽古の場で、また道場外でも伝えること、それだと考えます。

岡村　生涯にわたって自分という人間を磨き上げていくという夢、一言でいえば、正しい剣道は、創造的に生きるという夢を育《はぐく》むものたり得るということを、主として竹刀を介して伝達する。そう受け取ってよろしいですか。

石原　はい。私らの使い慣れた言葉でいうと、人間形成と一体となり得る道、知・情・意の三つを円満に養い、真・善・美を兼備した人間に自分を創り上げていく道――それが剣道の理念の究極にあることを、理屈じゃなく、体ごと伝えていただきたい。剣道をやっていると、そんなええことがあると知ったら、稽古が少々つらくとも簡単にはやめんのでは、と思うのですがどうでしょうか。

岡村　礼ということと一つとっても、形ではなくてその奥にあるものを伝える、といった取り組みですね。形に流された、ひからびた剣道でなく、実人生に生きる剣道を伝えることは、容易じゃないけれども、学校剣道の場でも踏まえておきたいことですね。

石原　ただ、それには良い環境をつくってやらなんだらね……。小・中・高の一貫指導の体制を整えることもその一つ。そのためには学校剣道と学校外剣道（社会剣道、道場剣道）との間の風通しを良くすること。両者の重なり合える部分は上手に重ねていくことも真剣に検討していただきたい、と私は願うものです。

私の剣道観

岡村　さて、年齢層を上げて、学校剣道から中高年の剣道に移って、お話をうかがいます。一般に中高年から剣道を始める人は、いま言われた剣道再開組の人を含めて、はじめは「強くなろう」と思ってやる人は総じて少ないのではないでしょうか。いい汗をかいて爽快感を味わいたい。健康の保持増進をはかりたい。あるいは老化防止のために、といった動機が多いように感じます。

石原　たしかにそうですね。しかし、強くなろうなどという気で剣道を始めたのではなくとも、三段くらいまで続けていると、だんだんと自分の力が見えてきて、さらに上をめざそうという向上心が高まっていくものですよ。そうして四段、五段と昇って実力がついてくると、中高年者は年《とし》の功《こう》で若年者より理解力がついているから、技の奥にある理合に思いを致すことになり、自分自身が納得できるような剣道をやりたい、という求道《ぐどう》心が芽生えてくる。剣道の魅力をより深く識《し》ることになり、まあ苦労は多いが楽しみがその分ふくらんでくるもので、こうなると剣道が「三度の飯より好き」

というくらいになりかねない。こうなればもうしめたもので、間違いなく生涯剣道につながっていく、と見てええんじゃないでしょうか。

岡村　自分で理解した理合を自分の剣道に生かしたい。そういう欲求が高まってくるのですね。中高年者の場合、個人差はありましょうが、体力の衰えを身にしみて感じるようになりますから、ひとしお、その理合というものを考えることになる、しかも多くの社会体験により理解力は研ぎ澄まされている、という背景もありましょうね。

石原　理想を言わせてもらえば、五段くらいまではあらゆる技が使いこなせる修錬を積むことに集中してもらいたい。頭でっかちの剣道は長続きしませんからね。理解した理合を本当に活かすには、その前にやっぱり多彩な技の修錬が要ります。しかし、そのことさえ肝に銘じておけば、理合さらには心気の工夫といったことは、どの時点からでも意識しておいて構わんのです。

いま言われたように、年は争えませんから誰しも体力の衰えを感じるようになります。すると、全身的な体力や瞬発力などの運動能力にまかせてやっていたそれまでの剣道――血気盛んな〝スピード剣道〟――では、どうしても苦しゅうなる。そういう苦しい剣道を続けていると剣道が小さくなるし、その先、伸びないんです。

図F

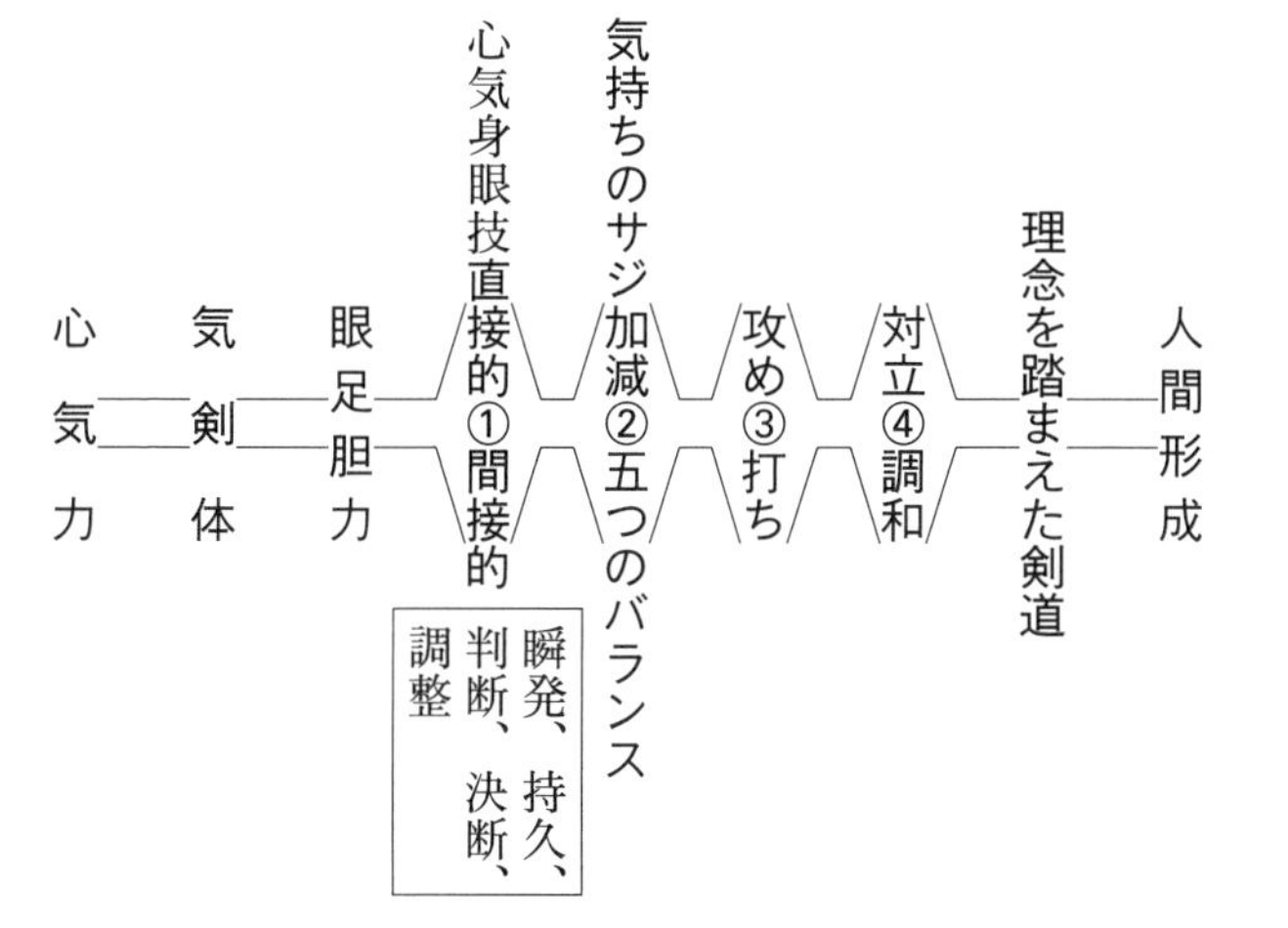

岡村　そこで、目に見えない心気の部分で体力の衰えを補う必要が生じるのですね。

石原　衰えを現実に自覚する前に、心気の工夫という、剣道の目に見えざる部分に思いを致した稽古をしておけば、より自然にそういう剣道に移行できる。うまく転換できるのです。

　ただ、それはあくまでも理想であって、大変難しいことですよ。私などは、たびたび申し上げてきたように、心気の工夫を稽古の上で意識しだしたのは四十歳を過ぎてからじゃったから。

岡村　これは石原先生が平成十一年一月、日本武道館主催の「勝浦研修会」（千葉県勝浦市の日本武道館研修センターにおける恒例の全国高等学校・中学校剣道〈部活動〉指導者研修会）の教養講座のご講話の中で示された図です（図F参照）。ここにある①から④の要項について先生は「私の生涯剣道対策だ」とおっしゃっていますね。

石原　最初からこんな対策をきちっと立てておったというんじゃなくて、いま思ってみて、私の生涯剣道対策のようなものがあったとすればこういうことじゃなかったろうか、そう思うたんですわ。これを工夫せんかったら、今みたいに元気で稽古でけておらんかったでしょうな。

岡村　これは全体としてはご自分の剣道観を示したものである、とも言われましたが、ここに「心気力（一致）」「気剣体（一致）」「㈠眼《がん》㈡足《そく》㈢胆《たん》㈣力《りき》」とあるのは、一般に説かれている剣道の原理ですね。それを①から④の先生独自の剣道観に捉えなおして、理念を踏まえた剣道、さらに剣道が究極の目的とする「人間形成」を導き出しているのがこの図だと理解していますが。

石原　講座では時間が切迫してきて言葉足らずになってしもうたんですが、そのようにご理解いただければありがたいですね。

岡村　図の①のところに「直接的」とあるのは、剣道そのものに直結する要項、下段に「間接的」とあるのは、剣道に間接的に付随する要素ということでしょうか。しかし、この下段にある内容を①から④へと関連させて見ていくと、全部につながり、しかもただちにそれは剣道の目に見えない深層部に関わってくるように思われます。ここで図を順に追っていくと、まず①の上段の「心気身眼技《しんきしんがんぎ》（一致）」は、「心気力一致」ということを先生が自他ともにわかりやすいように、納得されやすいように解析されたもので、この五要素にパイプを通すことが大切だ、と第三話で示されています。

石原　この五要素にパイプを通すには、下段にある瞬発力・持久力・判断力・決断力・調整力が求められるし、また、そういう稽古を積み上げていけば、誰もが本来具《そな》えているこの五つの特性が自然と磨き上げられていくはずです。剣道のありがたい部分ですね。

岡村　②は先生のご講話ではいつも特徴的に示される言葉ですけれども、「気持ちの匙《さじ》加減」あるいは「心の匙加減」で、これについてはとくに第九話で懇切にお話を頂戴しました。

石原　「サジ加減」などと言うと、いま申し上げた五つの特性でいえば、調整力だけを指すようにとられがちですが、そうではなく、そのすべてのバランスと表裏一体のものとして示したのです。下段に「五つのバランス」と記したのはそういう意味なんです。

岡村 さて、③は「攻め」、下が「打ち」となっています。前号で詳しく話されましたが、これは「気で攻めて理で打つ」ということですね。

石原 「気」は「心」から発動される能動的なものであろう、と私は理解しているのですが、やはり、その気から発する攻めが剣道の本体であって、これが剣道が「気の文化」と言われる所以《ゆえん》だと思います。よく「攻めが効いていた」という言葉が用いられるが、その意味は、打突の以前に気で攻め勝っていて相手との差がそこにできていた、ということになりましょう。

この「気」は、試合においてはゼロの状態から出発するのでは間に合わんわけで、私の場合は五〇%の状態に高めて試合に臨むことにしています（図G参照）。それより上は苦しくもあり、それ以下では「受け」になってしまいますからね。

岡村 先生、ちょっとよろしいでしょうか。先生の言われる五〇%とはどういうことなのか、もう少し詳しく教えていただけませんか。

石原 それはね、こういうことです。懸待《けんたい》五分五分で立つと失敗することがあるんです。それと五分五分の時は技が決まりにくい。したがって、私は先《せん》の合気で立つように心がけています。四～六は難しいが、少し優位のところが大切です。人によっては一〇〇%でなければ不可ということもありましょう。

図G　本番における気の軌跡

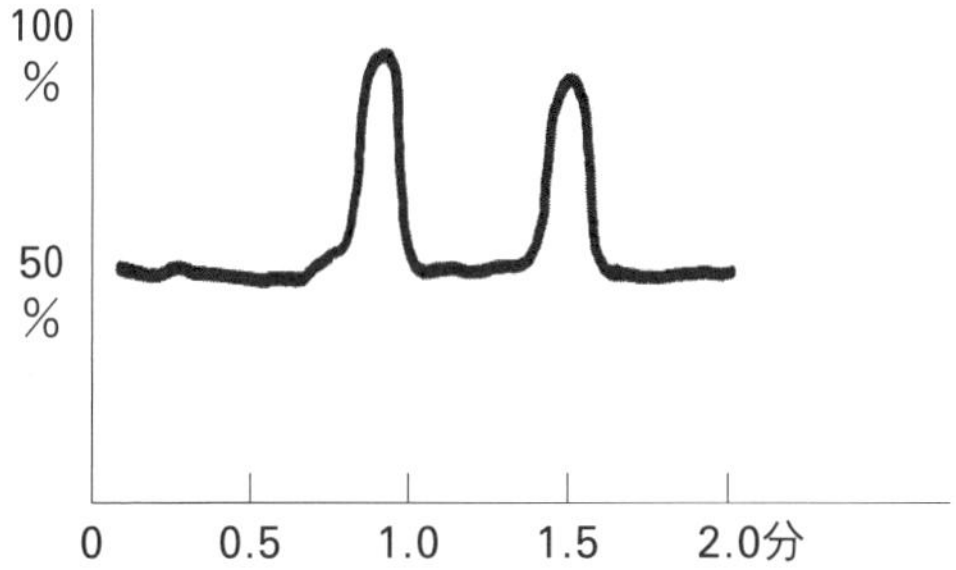

○剣道は気の文化、気から発動される攻めは剣道の本体である。
○これは京都大会における石原範士のイメージ図である。
○本番とは試合とか審査で時間、場所等の制約があり、なお、優劣を第三者が判定するというむつかしさがある。
○気の山（有効打突）は1、2回。
○稽古では2、3倍、切れ目以外は気を抜かない。
○気は始めから全開、0からの出発ではない。
○気の中心50%は石原先生流、それより上は苦しく下は受けになる。
○位取り（練り合い）は約束事ではない。
○呼吸でエンジンをかけておく。

そして、一回の試合で一度か二度は「気」の山がある。すなわち、有効打突が生まれる瞬間です。だけれども、「気で攻めて」の位は剣道の「対立」の理の表現でしかない。何度も申しますが、剣道が「文化」とされるのは、その根底に「調和」の理がもう一つあるからだ、と私は考えているのです。「理で打つ」とは、調和の理で打つということです。相和し協力しあって打つことで、すなわちそれが表現されたのが、高度な有効打突にほかならないと思います。

岡村　そこで注意しておかねばならないのは、「打ち」と「当たり」とがまったく別々のものである、というお話でしたね。宮本武蔵の『五輪書』に「打つといふ心は、いづれの打《うち》にても、思ひうけて慥《たしか》に打つ也。……心得て打つ也」「あた《(当)》るはゆきあたるほどの心にて、……さわるほどの心」とありますが、先生は「打ちは意志の発動でありそこに信念があるのに対して、当たりはそれが無いか不足しているもの」と、説明されています。必然の打突が「打ち」で、偶然の打突が「当たり」ということになりましょうか。

石原　その通りですが、もう少し付け加えますと、「打ち」とは「攻め打ち」、すなわち攻めと打ちとが一拍子の打ちです。さらに、攻めと守りとが一体の打ちのことです。

岡村　石原先生がご自身の生涯剣道を考える中で、その「調和」の理に覚醒され、そのおかげで剣道の間口が広くなり、ひとしお剣道が楽しいものとなった、そういつも語られるのを、私はいつも感動的にうかがっています。さてこそ剣道は「人間形成」に結びつく「夢」果てしなき道といえるのでしょうね。

図H　理想の形

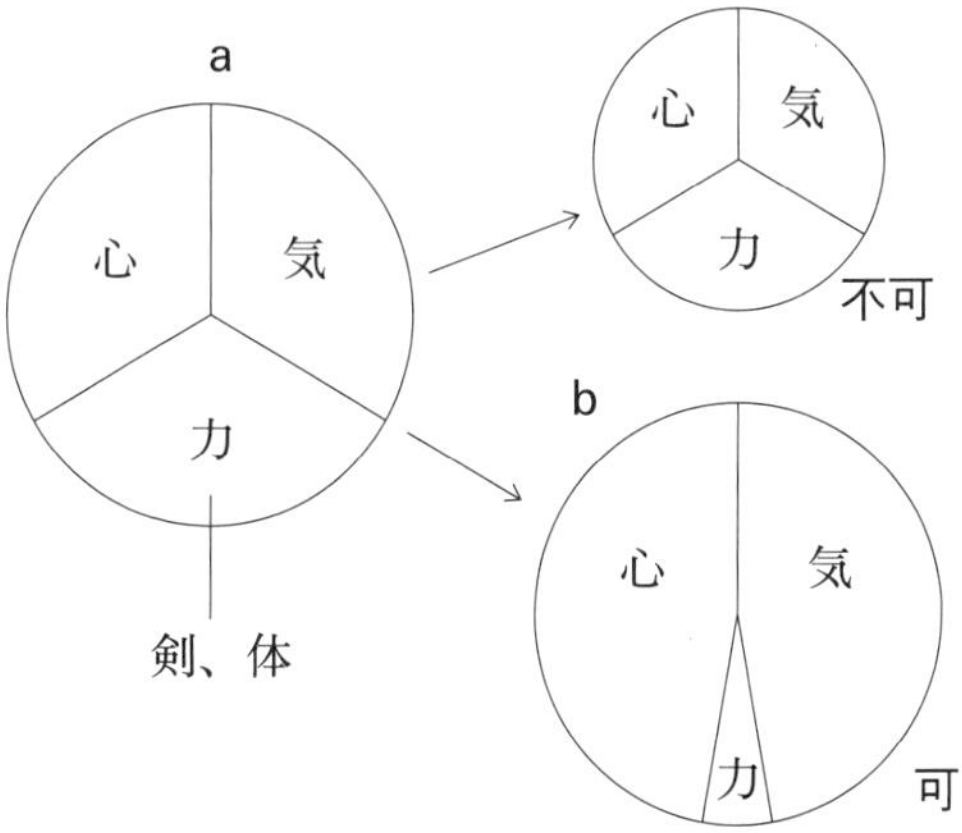

石原　生涯剣道対策は、驕慢《きょうまん》な言い方をすれば、私の「不老の剣」ということになります。理想の形は「心・気・力（剣・体）一致」（図H・a参照）ですが、力の衰えを心・気でカバーする（図H・b参照）。次に「省略」、これは掛け声を呼吸にかえ、無駄を省くということです。10－2＝8は削減ですが、10－2＝12になるのが本当の省略です。理屈に合わないといわれるかもしれませんが、一刀流

にも「理外の理」ということがあるのです。これができれば余韻とか、風格（品格）が生まれてきます。それと、すり足を併用する。ドタ足ではだめです。小手・胴・突はすり足で打てます。これらの原点は剣道形であったと思います。

円相無限なり

岡村　どの道でもそうなのでしょうが、剣道も最初は技術的にも単純なことから入り、それが次第に複雑化していきますが、その先にまた、単純化という道程がある。若輩の身で僭越ですが、そんな気が私はするんです。

石原　そうですなあ。攻めということ一つにしても、武蔵のいわゆる「萬理一空」の境涯の攻め、「岩尾の身」ということ、あるいは、山岡鉄舟が愛読したという『猫の妙術』に出てくる、無物と化した古猫の境地にある攻め――もはやそれは攻めという言葉は当たらんかもしれんが、いずれも、ぎりぎりのところまで剣の道が純化されて一《いっ》に到達した世界のように思われるね。ちなみに「岩尾の身」と用いたのは、私の体格、性格を考えて「巌の身」はできないが「岩尾」はできそうに思え、目下研究中です。岩尾とは、一刀流の「浮木流木」のところで、これができれば有効打にさせないところであるから安心して攻め打ちとなると信じておるが、剣道は難しいですなぁ(笑)。

岡村　最初の単純なものとまったく次元を異にする、しかもやはり複雑を超えた単純なものなのでしょうね。そういうものが剣道修行のゆくてに、その中天に、星のように輝いていることが尊いのでしょうね。「未完成であるという自覚が自分を支えてくれる」「だから死ぬ寸前まで、最期の一呼吸まで向上しようと努力できるんですよ」と言われた小川忠太郎先生のお言葉を想い起こします。

石原　素晴らしい、そして、ありがたいお言葉じゃね。

剣道は円相無限——。極まるところのない、限りない道だから、死ぬまでやるぞという気持ちにさせるのでしょう。

私もね、剣道の少しでも深いところにある新たな水を求めて、これからも井戸を掘り続けていきたいと思っています。

岡村　多岐にわたって貴重なお話をうかがうことができました。「歓談」と銘うったものの、読者を代表して私がご教示をうけたまわる内容になりましたが、私個人にはもちろんのこと、きっと読者の方々にも歓喜・感動きわまる剣道談義であったかと想像します。一年間、本当にありがとうございました。

20世紀最後の全剣連合同稽古会にて大祢一郎範士に昇段の報告をする岡村忠典

歓談を終えて

剣道範士石原忠美氏と絶妙なコンビネーションで「生涯剣道」について語り合った岡村忠典氏が、平成十二年十一月二十九、三十日に行なわれた剣道八段審査に合格した。受審すること実に十六年、二十回目の挑戦だったという。

本文・対談に示された石原範士の教えを服膺《ふくよう》するために、八段受審に向けて氏が工夫した点について、詳細に明かしてもらった。

基本稽古をやり直し
上手に掛かるように努めました

——岡村先生、今回は八段合格、本当におめでとうございました。凄いですね。石原先生との対談のときは、先生が見事な聞き役をして下さいまして、自分のことはあまり語られませんでした。今回は先生に八段受審について語っていただきたいのです。

岡村　ありがとうございます。自分でも八段合格には驚いているんです。一生のうちで前にも後にもこれ以上の喜びはないような気がしました。

——長い間の努力が実って、ということになるわけですが、何回受けられましたか。

岡村　そう、受け始めて十六年、二十回目の審査でした。

——一次と二次、そして形、学科とあるわけですが、前にも一次を通ったことがありましたよね。

岡村　一次審査を通ったのは、六十歳と六十一歳と六十三歳の今回と三回でした。退職以前は一回も通っていないんです。

――欠席したことはあるんですか。

岡村　五十五歳の四月、左足の腓腹筋《ひふくきん》断裂をやってしまい、二回欠席しました。どんなに稽古不足でも、あとは全部受けてきました。この審査とか京都大会を自分の大きな勉強の場と思っていたんです。ここでの体験を、自分の剣道継続の情熱を燃えたたせる最大の刺激にしていたんです。

――今回の実受審者は八九九名いたのですが、合格者は一九名で、合格率は二・一％でした。受験者の中に六十歳以上の方が三二九名おられたのですが、合格者は四名で合格率は一・二％でした。やはり高齢者にとってはとくに難しいものなんですね。本当に難しい中、良かったですね。

岡村　そう言われると本当に嬉しいですね。実は前回（平成十二年五月）の実受審者は九〇七名でした。そして合格者は今回と同じ十九名で合格率はやはり二・一％だったのです。この中に六十歳以上が、今回とまったく同様三二九名いて、うち合格者は三名で合格率は〇・九％だったのです。つまり、全体の合格率より高齢者の合格率のほうが低いということなんです。

でもこの一・二％とか〇・九％という数値はそれ以前の八段審査の全体合格率の数値だったんです。つまり、ここ二回の合格者の人数は以前より多いんです。以前はもっと難しかったというわけです。合格率が高くなったので私も入れたのかもしれません。

——先生は全剣連の『社会体育教本』の中の「剣道の特性」の中で「剣道は、競技年齢が高まっても楽しく続けることができる。また向上し続ける可能性を持っている」と書かれていますが、自分自身でそれを実践し証明したことになりますね。

岡村　そう言われると恥ずかしいのですが、また嬉しくなってしまいます。「向上し続ける可能性を持っている」と書いたのは、私がずっと剣道界に身を置いて観てきて、本当にそう思うから書いたのです。長い年数をかけていろいろな方の剣道の上達を観てきましたからね。年をとっても上達し続けるということは剣道の凄さだと思うし、最も優れた特性だと思います。石原先生などは、その最高の例ではないでしょうか。

五十代から七十代ぐらいの剣道人に「剣道の総合力において、今の自分が自分の今までの中で一番レベルが高いと思っている人は？」と問いかけたら「その通り」と答える人がいっぱいいると思いますね。また多くの人がお互いにそれを観ているから自分もまだやれる、まだ向上できると思えるんじゃないでしょうか。「生涯スポーツ」「生涯学習」というような言葉が流行《はや》り出す前から剣道にはそういう伝統、そして実態、雰囲気があったと思います。

——先生は退職後、再就職しないで稽古ができる生活設計をされたと聞いていますが、それは本当ですか。

岡村　退職すると東京都では「嘱託」という仕事が五年間用意されるのですが、私の場合は校長職あるいは教育相談経験者ということで仕事が用意されたと思います。それでは剣道という世界とはさらに遠くなる世界に入ることになると思ったのです。私は稽古が十分できる世界に戻りたかったわけですから結局その嘱託を辞退しました。年金が出るので最低限の生活はできるということで、物質的に豊かな生活のほうはあきらめたのです。また、六十五歳まで稽古のできない生活をしてそれから剣道の生活に入るよりは、六十歳から稽古のできる生活にしたほうが良いと思ったわけです。

剣道は段だけが目標ではありませんが、六十から六十五歳の間、身体の続く限り、目いっぱい八段に挑戦してみようと思ったのです。「向上し続ける可能性」に自分で挑戦してみようと思ったのです。

——そう思って稽古を本格的に再開したら一次に通り出したということになるのですが、八段受審に向けて稽古するとき、どんなことを心がけてこられたのですか。

岡村　第一に基本稽古のやり直しです。相手が空けてくれて打たせてくれる基本練習で立派な一本が打てないで、どうして打たせたくないと思っている人を立派に打てるでしょうか。

幸いなことに私の通っている松風館という道場では、金曜日が基本稽古の日となっており、岩立三郎さん（範士八段）と倉沢正さん（教士八段）が指導者となり指揮をとりながら、このお二人も一緒になって基本稽古を約一時間行なっているのです。できるだけそれに出るようにしてきました。

また、武道学園とか千葉商科大学の基本指導をするとき、時々示範《しはん》するのですが、その示範の打ち方を自分の基本練習と思って、本当に一本になるような示範をしてきました。また下の者との互格稽古のときなど、打たれるのを覚悟で基本的打ち込みの練習を稽古の中に織りまぜていました。だから下の者から本当によく打たれました。そのときは「参った」と言って相手の一本を認めてきました。これは私にとっては反省の材料であり、下の者にとっては励みにもなり、指導稽古、引き立て稽古としても悪くはなかったと思っています。

第二番目は上手《うわて》に掛かる努力をしてきたことです。いま松風館でご指導いただいている岡憲次郎先生（範士八段）や、大学の時の監督だった橋本明雄先生（範士八段）、高体連の大先輩である原田源次先生（範士八段）のような先輩にはずいぶん稽古をいただきました。このように高段者の先輩という方々に掛かるのはもちろん当然ですが、私は年下の八段の方々にずいぶん掛かりました。そして年下の八段の方からも多くの助言をいただきました。先日、名簿を手に数えてみたら、四十五名の年下の八段の方に稽古をいただいていました。

——しかし、これは剣道界ではなかなかできないことではないでしょうか。昨日まで元立ちをしていて指導稽古をしていたその後輩が八段に合格したら、次の日から下へまわって指導を受けるために掛かるということでしょう。先生は平気だったんですか。

岡村　そりゃあ心中穏やかならざるものがなかったわけではありません。でも古手七段で、この年になれば上に掛かる機会は本当に少なくなってしまいます。大願成就のため、あるいは本当に修行するという意味から考えると、こうするのが一番いいと私は思ったのです。より高い価値を求めるなら、自分の中の小さな雑念・妄念は消し去ることができますよ。でも中には、これまでの関係から「私は先生の元へは立てません」と頑として断わり続けるので、私が元へ立ったという人も数人います。二人の関係から、こういうことがあってもいいと私は思っています。

――先生がそうされたということは、六十過ぎてもまだまだ上に掛かる必要がある。八段を受けるなら、上に掛からなければ駄目だと先生は思われたのですね。それはまた、どうしてですか。

岡村　自分を鍛える、自分を育てるためには壁が必要だと思うんです。男女関係においても何でも自分の思う通りになるわけではないでしょう。抵抗されて、お互いが壁になりあって共に育っていくのではないでしょうか。また学校現場における校長と組合の関係も議論し合う中でお互いの理解が深まる、あるいはお互いが成長するのではないでしょうか。たまには共々駄目になっていく不毛の関係もありますが……。

つまり、絶対というのはないんですから、自分が一人で絶対と思っていることを本当に絶対かどうか相対化してみることが大事だと思うんです。剣道でいえば、障子紙を破ることができる力で満足していてはいけないんで、障子紙を破れたら襖《ふすま》紙を破ってみる。襖紙を破れたら板戸を破ってみる。板戸を破れたら鉄壁に挑戦してみる。板戸を破れたら障子紙は百発百中破れるでしょう。こう考えると、私が年齢にかかわらず技倆的に上手と思う方に掛かっていった気持ちがわかってもらえませんか。

——よくわかりました。八段になっている人は皆さんそうなんでしょうね。

岡村　みんな大変な努力をしていると思いますが、その努力の仕方はまさに人それぞれだと思います。私のように剣道復活期で子どもの頃、基本をしっかり学ぶことができず、大学時代も入ってくる後輩のほうが強くて選手になんかなれなかった。また、管理職になったりして、大事な時期に稽古ができなかったというような者にとってはそれなりの修行の仕方というものを考えなければならなかったのです。

——もちろん退職後は稽古の量も増やしたんでしょう。

岡村　剣道に「事理一致」という言葉がありますが、湯野正憲先生（範士八段）や小川忠太郎先生（範士九段）のご指導もあり、私は理の勉強のほうが進んでいたような気がするんです。石原先生のお言葉をお借りすれば「頭でっかちの剣道」だったと思うんです。そこで、「事」のほうにしぼったわけです。つまり、稽古、技、体です。一言でいえば「面数」を増やしたのです。自分の健康を害しない範囲で稽古を増やし、老躯をたたきなおしてきたということです。

退職一年目は、一日二回はしないとか、元立ちは一時間以内にするとか、ケガをしないように注意しながら二二八回（週四・三七回）できました。二年目は二八五回（週五・四六回）、三年目は十二月二十三日までの記録ですが、二一九回（週五・八回）稽古できました。こんなに稽古回数が多いのは私の一生でこれ以外ありません。

もっとも、武道学園とか千葉商大とか松風女性剣道教室へ行ったときは、指導が中心ですから自分の稽古は二十〜三十分ぐらいですが、それも一回と数えてですよ。

――東海大、松風館もあったでしょう。

岡村　こちらは一時間以下ということはありません。水曜日に東海大へ行ってるんですが、私にとっては水曜日がまさに剣道三昧の日でした。

何しろ、東海大までは二時間半、時には三時間もかかるのですから。朝七時半に家を出て、午前中「五輪書講読」の授業をやり、網代忠宏さん（教士八段、東海大教授）と昼食をとり、午後トレーニングセンターへ行き、指導を受けながらトレーニングを行ない、四時から稽古。この稽古で鍛えられました。井上正孝先生（剣道範士・九十三歳）、網代、平川信夫（教士八段）、金木悟、高橋清司、吉村哲夫、大塚真由美といった指導陣、かなり力のある大学院生、そして学生たちに囲まれての一時間はとてもハードなものでした。ひと風呂浴びて高橋（清）君とそそくさと駅そばを食べて電車に乗る。夜八時からの松風館の稽古に間に合えば、またそこで稽古をお願いする。これが水曜日の日程でした。つらい、というよりは、燃える水曜日でしたね。

――まさに剣道一筋ですね。松風館にはよく人が集まっていると聞きますが、先生が行っておられる松風館はどんな様子なのですか。

岡村　自宅から近い松風館が、長い間通いつめている私の本当の稽古場なのです。水曜日、金曜日は夜八時から、日曜日は夕方四時から、第二土曜日は午前十時から、とやっているのですが、第二土曜日は高段者会となっており、近隣他県をはじめ、岩手・新潟・石川・富山など、かなり遠い所から六段以上が四十人から六十人も集まるのです。今年（平成十三年）の一月十三日は八段が十一人も揃いました。居ながらにして上手に掛かれるという点でも私にとっては最高の稽古場になっています。

科学的トレーニングが
六十過ぎての体力強化に役立ちました

――それにしても、そんなに多くの稽古をしていて体をこわしませんでしたか。

岡村　それが退職後二年半、一回もケガや病気をしなかったんです。校長という仕事より剣道をしていたほうが健康にもいいとしみじみ思いましたよ。好きなことをやれる老後の生活というのは本当に嬉しいですね。

――何か健康維持の秘訣があるんじゃないですか。

岡村　第一に今話したように嬉々として生きる、ということでしょうか。私は八段受験も京都大会も、参加できることをいつも嬉しく感謝していました。それからもう一つあるんですよ。これは、自分で思いついたことではないんですが、トレーニングが体を守ってくれたと思っているんです。

――へえ、先生がトレーニングですか。

岡村　私は今まで、剣道のトレーニングは剣道に関わる動きでやるほうがいいと思っていたんです。たとえば素振りとか切り返しとか打ち込みとかです。それがこの期間に宗旨がえをしてしまったんです。

――それはまた、どうしてですか。

岡村　私も体力の衰えは十分わかっていたので、万歩計を買ってきて一万歩ウォーキングとか階段登りぐらいは心がけていたのですが、現代の科学的トレーニングまでは考えていなかったのです。

退職して二年目の夏頃でしたかね。ある日、中京大の林邦夫さん（教士八段）に稽古をお願いした後、「岡村先生、急に稽古量を増やすのは危ないですよ」あるいは「岡村先生、見えているのに体の反応が遅れていますよ。時にはうまくとらえて打てていますが、その打ちの勢いが足りませんよ。また、自分が打ったとき、あるいは相手が打ってきたときの体の切れ味が悪いですよ」と言われたんです。

その時、小森園正雄先生（範士九段）から「剣道は打つことに伴う体の捌きが重要だが、自分が打たないときの身のこなしも大切なんだ。お前はそこに弱点がある」と言われたことを思い出しましたね。

「岡村先生、トレーニングを入れたらいいですよ。そうすれば、安全に稽古ができるようになるし、先生の高いレベルの剣道が表現できるようになると思いますよ」と言われたんです。「六十過ぎて体力の強化などできるんですかね」「そりゃできますよ。だまされたと思って始めて下さいよ」と言うんです。そして一週間もした頃、着色までした絵入りの私のためのトレーニング計画が送られてきたんです。

私は、トレーニング用のゴムと二kgのダンベル二個を買ってきて、その絵を見ながら始めたんです。でもなかなか続かなくてやめてしまったんです。

平成十二年五月の京都での審査に落ちた時、私の受験をみてくれた林さんが「岡村先生、トレーニングをしてませんね」と言って、隣りにいた網代さんに「網代先生、岡村先生は私の言うことを聞かないんですよ。岡村先生は東海大へ行ってるんでしょ。東海大のトレーニングは非常に優れているんだから、トレーニングセンターへ入れてやって下さいよ」と頼んでしまったんです。今度は網代さんが「林さんの言うことはもっともなことだから」ということで東海大のトレーニングセンターへ連れて行ってくれたんです。

驚きましたね。わけのわからないトレーニング機器が二棟に分かれた、それぞれバスケットコート三面ぐらいの広さの場に何百と並んでいて（註＝正しくは一〇五八㎡の広さに、トレーニング器械一五〇点、他にダンベル、バーベル多数）、学生たちが自分のトレーニング計画を手に黙々と取り組んでいたんです。私はシドニー・オリンピックで活躍した柔道や陸上の選手たちを思い起こしましたよ。あの活躍の秘密はここにあると思ったんです。

そこでヘッド・ストレングス・コンディショニングコーチ有賀誠司先生とアシスタント・ストレングスコーチ湯浅康弘先生に紹介されたんです。有賀先生をアドバイザーとして、湯浅先生が私の指導担当となり本格的トレーニングが始まったんです。平成十二年六月十四日でした。それから週一回、湯浅先生の付添いでトレーニング理論学習とトレーニング実習です。他の日は松戸市のトレーニングセンターと新たに用意したダンベルを使って自宅でスケジュールに従って実行していったんです。

私のトレーニングの目的は「全身の筋力アップと障害予防のコンディショニング」でした。六十歳過ぎて体力が増加するなんて考えていなかったんですが、巻末資料のように顕著な変化があらわれてきたんです。自分でもびっくりしてしまいました。林さんや網代さんの言うことは本当だったんですね。このお陰で相当な荒稽古でも体力的には耐えられたんだと思うんです。

――障害予防のためではあったが、結果的には剣道実技の向上にも良い影響があったということですか。

岡村　そうです。トレーニングをする前は、元立ちを四十分ぐらい続けると脚に疲れが出てきていたんですが、これをやり始めてから一時間半は継続できるようになったんです。安全に稽古ができたということと、打ちや体捌きなどに良い結果が現れてきたと思います。また体当たりのときなどは、今までとはまったく違う体力になっていると感じました。

私は今、高齢者ほどトレーニングを入れて稽古を続けたほうが良い、と思うようになっているんです。

力の抜き方・呼吸法を工夫して健康に良い剣道をめざしたいのです

――ところで先生、石原先生と対談していろいろうかがわれたのですが、その中でとくにこれはと思って努力した点などはありますか。

岡村　それはそれはたくさんあります。私は、武田治衛先生、中野八十二先生（範士九段）、橋本明雄先生、湯野正憲先生、小森園正雄先生、小川忠太郎先生など多くの先生方のご指導をいただいてきたのですが、今の私にとって何を努力したらいいか、という点で石原先生にまとめていただいたような気がしているんです。

――先生だけの問題として、ということで

結構ですから、どういうことにとくに努力されてきたのか、お話しいただけますか。

岡村　ともかく「面数」という意識が強かったせいか、年甲斐もなく荒れた稽古になってしまうことがありました。ある時など、香川の村上済さん（教士八段）から、稽古の後「岡村さん、私この頃、先生に失礼なことなどしてますか」「いや、そんなことありませんよ。どうして？」と言うと、「何か私が不届きな行為をして叱られているんじゃないかと思うほど激しい稽古だったもんですから」と言われたことがあるんです。また丸山鐵男先生（範士八段）から、「いつからあんなきたない稽古になったんだ、まともにやれ」とも言われました。またある時など、橋本先生が私の無礼な稽古にあきれたのか、少ししか稽古しないで坐られてしまったんです。あとの反省会で語気鋭く「あんな小手打ち駄目だ」と言われてしまったんです。

石原先生が「量より質」と言われています。湯野先生にも小川先生にもそう言われていたのに、そのような下品な荒稽古になるときがあったんです。その都度反省して、質の高い稽古に戻してきたんです。石原先生が言われているように「無駄打ちを少なくし」「連続技よりは一本打ちの技を磨き」「攻めを効かせた打ち」「溜めのある稽古」に戻していったんです。

それから、石原先生が言われている「力を上手に抜く」こと。これがどうしてもできなかったんです。表から相手の竹刀を押さえるときも、必要以上に力で押さえてしまう。これは審査をみていただいたときに直接ご注意をいただきました。「岡村さん、力が入りすぎますよ。押さえるときは手の甲で押すぐらいがいいですよ」と。これはこれからも努力していかなければならないことだと思っています。なにしろ石原先生が「力を上手に抜かなんだら一つ年とるとますます老化を進めることになるし、剣道もだんだん崩れてくるんじゃないかな」と言われていることなんですから。

それから大きな問題なのですが、呼吸法についてです。昔から考えてはいたのですが、これはわかったとはとても言えませんね。これから本気に取り組んでいこうと思っている問題なのですが、最近少しわかったことがあるんです。石原先生は、「呼吸は、腰と足の動きともちろん関わりがあります」と言われています。私は足の置き方が悪かったんです。脇本三千雄さん（教士八段）からも田口榮治さん（教士八段）からも左足の置く位置が悪いと助言をいただきましたが、私はどちらかというと右足と左足の横幅がなかったんです。一所懸命になると、右足の内側と左足の内側が一直線上に乗ってしまうんです。

これを直しました。普通の生活で立つ時も歩く時もこれを意識して生活しました。そしたら不思議なことに下駄の減り方が変わってきたんです。今までの私の下駄は外側ばかり減っていたんです。昔の話に下駄の減り方をみて「修行未熟なり」と言われたという話がありましたが、それを読んだときはまったくわからなかったんですが、今になってなるほどと思いましたね。

ところがもっと大きな発見があったのです。それは、足の位置が良くなったら丹田に呼吸がおりやすくなったということなんです。また、おりた呼吸が維持しやすくなったということです。石原先生のおっしゃっておられたことはこのことか、と思いましたよ。そうなった時、何人かの方から「岡村さん、下半身が安定してきましたよ」とか「構えが前より良くなりましたよ」なとと言われたのです。この足と呼吸のことは、不合格から合格になった一つの大きな要素ではないかと思っているんです。呼吸法については本当にこれから研究することなんですが、一つ進んだという実感もあるんです。

――これほど長い受審生活の中で「迷う」ということはありませんでしたか。

岡村　それはありました。さっきの荒稽古の話もその中に入るのですが、自分の理想を求めてただひたすら努力し続ければいいものを、八段に合格するための稽古、こういう考え方が迷いを生んだのです。「今の審査は、立派な打ちを決めて、相手からは立派な打ちを打たれない。それを四人に行なう」という線にまとまっているような気がするんです。

私は、最初に私に剣道を教えてくれた武田治衛先生から「吾が道は　正しくす直に大らかに　打たれて学ぶ　心たのしく」と言われていて、それが正しい、と思っていたのです。湯野先生からも小川忠太郎先生からも「打たれては駄目」とは言われなかったから、打たれない剣道という発想があまりなかったんです。私にとって、「打たれないで打つ」という剣道に取り組む下地がなかった。でもそれもやってみたのです。でも、私にとってのそれは実にまずい稽古になってしまったのです。そしてまた、理想を求めた稽古に戻す。こういう迷いの連続でした。とくに、たった一回しかないのですが、自分では間違いなく合格すると思ったのに落ちた時は本当にショックでした。よく打てたのに落ちたからです。この時は落ち込みました。これ以上の剣道は自分にできない、と思ったからです。でも今思えば私は不遜だったと思います。

今回は「打ち」こそさほど決まらなかったが、真摯《しんし》で精一杯だったし、心も純粋だったなあ、と思えるんです。やはり今までの不合格よりはずっと良かったと思えるんです。それから、八段は「打たれないで打つ」ができなければ駄目だ、というまとめ方はあまりに短絡しすぎたまとめだったなあと反省しているんです。何しろ、今回は四人の相手に本当に決めた技というのは一本しかないんです。一本に近い技とか、いい所で打ちに出られたとか、捨てきれたという実感はあるんですが、「完全に打たせないで自分は打った」ということはできていないんです。やっぱり八段は打った打たれたということだけではなく「相手との関係における総合力」かな、と今思っているんです。

それにしても、合格するまで多くの方にお世話になりました。その多くの人に本当に感謝しています。

――よくわかりました。最後に、これからはどんなことをお考えですか。

岡村　楽しい剣道、健康に良い剣道、そして生涯剣道を自分はめざしていきたいですね。もっとも、私は剣道がおもしろくてしょうがないんですから、楽しく剣道をやっていけると思います。しかし、剣道の世界でも、ひとの剣道を楽しくないものにしてしまう、ということがありますよね。これはみんなで改めていきましょうよ。先生や先輩が生徒や後輩に暴力をふるうなどというのもその一例ですが、こういうことは剣道界から抹殺していきましょうよ。「知のない剣道は暴力である」と巣鴨学園の佐々木二朗先生から教えられたことがあるのですが、本当にそう思いますね。健康に良い剣道は、伊藤元明先生のような剣道愛好医師のお助けをいただき、安全に剣道をしていきたいものですね。そして、剣道愛好家みんなが生涯剣道を実践しながら、それぞれが生き生きと生きる生活ができるようになりたいですね。

――今日は本当にありがとうございました。今後のご活躍を心からご期待申し上げます。

平成13年11月３日、東京・九段会館にて

円相の風光 その後

努力目標は人それぞれ

岡村 剣道時代誌のご努力で『円相の風光』が出版され、多くの方々からありがたいご意見や感想をいただいております。石原先生にもそういう声が届いているとお聞きしますが……。

石原 ええ、ちょこちょこ聞きます。

岡村 石原先生のお言葉の中に、多くの剣士を勇気づけるものや、技術的に大変参考になるものがたくさんあって、現在の、あるいはこれからの剣道界に大きな貢献をしていただいたと思っているんです。

石原 それはね、先生の誘いがうまかった（笑）。

岡村 私は仲間から質問を受けたときに、自分がこの本の中のどこを努力したらいいのか、その人のレベルに応じて「その努力するところの選択を間違うなよ」と言っているんですが、先生はどうでしょうか。

石原 あそこに書いてあるのは私が体験したことですからね。私はあれがええと思うんだ。ところが人によったら違いますからな。先生が言われるように、いま自分にはどういうところが大事なのか、というようなことを的確につかむことは大切です。しかし、なかなかわからんもんですよ。

岡村　その人のレベルに応じて、努力点というのは人それぞれ違うと思うんです。本書を読まれた方は、自分は石原先生の言っておられる中のここを努力しようと。こういうようなところを間違わないようにしていく。それで時間が経ったらまた読んでみる。こういうように使われたらいいんじゃないかなと思うんですよね。

石原　そうです。あいまいなところがどうしても出てくるんですから。私なんかでも『五輪書』や、その他の本を読んでもわからんことが相当ある。それがね、二遍目に読んでみると、だいぶわかってくる。そういうもんですから。

岡村　暇があったら、くり返して読んでみるということで、理解の度合いが違ってくるような、そういう内容があると思うんですね。何遍か読んでみて、自分の努力するところをその都度選んで努力してみる。そんなふうに使ってもらったらどうでしょうかね、この本を。

石原　そうだね、そう使ってもらえれば私としてもありがたい。

岡村　本書の活用の仕方というのは、人それぞれです。その辺をみんなで語り合いながら、自分はここを努力しようというように選びながら座右に置いて活用されたらよいかと思います。

「機」とは

岡村　さて、過日の前橋で行なわれた全日本東西対抗の際に先生と久しぶりにお会いしましたら、「あれから、また考えることがあって、少しまとまりました」とおっしゃられたので、「まとめられたことを聞かせてください」とお願いしましたところ、ご丁寧なお手紙を頂戴しまして、ありがとうございました。その内容がまた素晴らしいものでしたので、これは私だけの胸にしまっておくのはもったいない。もっと多くの人に聴かせてあげたい、こう思って先生に詳しくおうかがいしたいということで、こういう席を設けてもらったのですが、よろしくお願いします。

石原　『円相の風光』締めくくりの対談、ということじゃったね。まず別表Iをご覧いただきましょう。

表１　攻めが効いたと思われる兆候と段階

一、剣先を左右から小刻みに張ったり押さえたりする。
二、打っても、打ったような気がしない。「参った」と言われてはじめて有効打突かなあと思う。
三、他の人とやるより稽古は面白いが、息が早くあがり、胸苦しくなるという。
四、気持ちが上ずって胸につかえた。
五、股や腕がしびれて動けなかった。
　最後の一本を打たれて、今までの打ちがご破算になった気がした。

説明

○攻めはできるが、いま効いたとはわかりにくい。
◎観の目を磨き、攻めが効いてくると今まで見えなかった兆候が、だんだん見えてくる。
○兆候が見えても、攻められていたら、有効打突となりにくい。
◎攻めが効いても、そのすべてが「機」とはいえない。
機とは、「三つの許さぬところ」「そこだ」の「そ」の字の頭で、その一瞬である。
◎攻めが効いたときには、速い面が頭上で止まって見えることがある。
◎しびれることは、攻めの怖さがわかるレベルの高い人である。
◎攻めは、無心と緩急強弱があれば最高に働く。
緩急強弱とは、ちょうどよいということ（過不足は不可）。

攻めと打ち緩急強弱心得ば
　　　剣域さらに深くなるらむ
打ちと攻め緩急強弱無心なり
　　　この二ツをば　しかと磨けよ

　　　註：――は断定でなく、推測の意　◎は、とくに大切

岡村　これが先生、正直いうとわかりにくいんですよ（笑）。

石原　私は今までずっとね、攻めが効いたときに打てば、それは「機」だから簡単に打てると、こう思うとった。それは間違いないんだ。ただし、それは初心者の段階。初心者から、まあせいぜい大学時代まで。そこから上へ行ったらね、攻めが効いとっても、それがすべて「機」とはいえない。

岡村　別表Ⅰの説明の四番目ですね。

石原　もう少しわかりやすく説明すると、私は三殺法を使うんです。気を殺し、剣を殺し、技を殺す、これだったら効いとるんですわ。ところが攻めるということは剣道では常識になっていましょう。そやから攻めを安易に考えとるんです。三つの許さぬところには、出ばなが一つありましょう。これは相手が出る端ですわ。「そこだ」というう「そ」の字の頭です。ところが、「居ついた」「技が尽きた」これも三つの許さぬところでしょう。そのときはね、頭じゃないんです。

岡村　終わりですか。

石原　そう。「居ついた」の「た」のところです。

岡村　出ばなは「起こり」の「お」のところ。「居ついた」あるいは「技が尽きた」

は「た」のところ。

石原　そう。つまり、動作が尽きたところです。そこが「機」です。そこを打たなんだら、稽古のとき「参った」とは言わん。ただしこれは、私は疑問符をつけている。そう考えとるんじゃが、岡村先生はどう考えるかな？

岡村　私も八段を挑戦中、出ばなに合わせる練習を一番多くやってきたんです。ところが出ばなは返されるところでもあるんですよね。

石原　そうなんです。

岡村　それで「匂い」と「色」と分けたときに、「匂い」を打ったときは返されないんですよ。「色」を打つと返されちゃう。先生がいま言われている、そのとおりだと思います。

石原　色はね、これは誘いが多いですからね。それに乗ったら、返されちゃう。

岡村　色の前に「きざし」とか「匂い」というのがあるじゃないですか。その匂いが、いま先生が言われた、「起こり」の「お」のところでしょうね。

石原　そのときに三殺法が効いとれば……、つまりパッと打ってね、相手が対応できんのですよ。

岡村　三殺法を効かしておいて、そして起こりの「お」を捉える、ということですね。

石原　そうそう、そういうことです。

岡村　そうすると、待っていて待っていて、起こりの「お」ということは……。

石原　それは駄目なんです。

岡村　それは駄目！　断固駄目なんでしょうね。

石原　攻めて起こりを待つ。これもなかなか通用せん。私がそれを練習したのは、いわゆる『試合・審判規則』の細則12条1項を使うんです。12条というのは「次の場合は、有効打突としない」。その1は「有効打突が、両者同時にあった場合」つまり相打ちの場合です。これを使う。左拳を挙げる例の現代的防御の癖をつけずに、相手が得意の面に来るんだったら、相打ちで打つ、防ぐ。そうしたら受けずに一本にならんね。それが出ばなの原点ですよ。これで出ばな小手が身につく。まず相打ちですわ。

岡村　相打ちを怖れない稽古というのは大事だ、ということですね。そうすると、機を学ぶためには、相打ちというものは、とことんやってみる必要があるということですね。

石原　そう、稽古で。それも若い時分に。年を取ったら、今度は細則の2を使うんです。「被打突者の剣先が相手の上体前面に付いてその気勢、姿勢が充実していると判断した場合」。つまり相手が打ってくるときに、ポッと剣先を付ける。私の場合、中心に置く、という感じ。剣先が生きておったら、一本にならんからね。相手が打ってくるところを、ポッと付けたら、相手はウッとなるんですよ。しかし、これは高校生レベルには絶対使わないようにしなければいけない。大人になって、いわゆる六十過ぎて、高段になってからこれで相手の技を殺す。そうすると、攻めが効いてくる。

それからもう一つは、「日本剣道形審査上の着眼点」の三項と六項です。三項というのは、「目付け、呼吸法等を心得、終始充実した気勢、気迫をもって、合気で行い、段位にふさわしい迫真性、重厚性が見受けられるか」とあります。そやから迫真性があっても、重厚性がなかったら駄目なんだ。迫真性というのは、いわゆる迫力。しかし上級になったら、重厚性が要る。迫真性と重厚性があってはじめて品位・風格が生きてくるんですね。その次の六項は、「各本ごとの理合を熟知し、技に応じた打突の度合い、緩急強弱を心得一拍子で行っているか」。これをね、私は稽古に役立てて、これになったんじゃ、この歌に。

攻めと打ち緩急強弱心得ば

剣域さらに深くなるらむ
打ちと攻め緩急強弱無心なり
この二ツをば　しかと磨けよ

この歌はね、自分の稽古に使うのに非常に有効だった。「攻め」と「打ち」、これは有効打突に絶対に欠かせないものだからね。緩急強弱と無心の二つをしっかりと磨きなさいよ、という歌です。

岡村　緩急強弱と無心が大事だということですね。

石原　そうです。緩急強弱ということと無心、この二つがなければ、いくら打ちを決めようと思っても駄目なんです。

岡村　打ちと攻め、緩急強弱というところまではわかりやすいですが、打ちと攻め、無心というつながりは、少し難しいです。

石原　せやから、これが歌のわかりにくいところですわ（笑）。ちょっと説明せなんだらね。

岡村　先生、これは生半可じゃないですよ。攻めと打ち、緩急強弱が大事という言葉になりましょう。打ちと攻め、無心も大事であると、こういうふうになりますよね。

この打ちと攻め、無心でやるというところが……。

石原　だから打ちと攻めには、緩急強弱と無心ということの二つが、大事だということなんです。打ちと攻めを効かすためには――。

岡村　効かすためには、このときの無心というのは、どういう状況でしょうか。

石原　これは私が体験したんですが、岡山の武道館でね、あるときに呼吸法で、ハッハッと気迫充実して、稽古をやっていたんです。そうしたら、その相手が「先生、今日の稽古はしびれました」と言う。つまり、そのときの私は無心になれたんです。それでまた次のときに、今度は意識してね、前より調子が良かったから意識して、バァーッと攻めたら、「痺れた」とは言わなんだ。そやから意識した攻めは効かんなあ、と思った。

岡村　……少しはわかりますが。

石原　それは先生、やってみなさい。もう本当に充実して、しかも無心で立てたときは攻めは効くんです。けれども剣先を効かしてやろうという意識が働いたら効かん。

岡村　そうすると、意識的な発想を超えたような自分のまとまりと相手への迫りといいますか……。

石原　だから攻めるというんじゃなくてね、もうね、三殺法で相手の気を殺し、剣を殺し、技を殺すんだと。しかもこれをグッグッ、グッグッと足を動かしてやるのではなくして、大きな構えで、大きな目付けで、それで相手に迫る。あんまり打たんでね。

岡村　そういうふうに迫っていったときに機が現れるんでしょうか。

石原　現れるんです。いわゆる総合力を使う。そうすると、攻めがおのずと効くんですよ。効かそうと思わんでも。そのとき、ちょっとでも腰を動かしたり、足を動かしたりしたら、もう効かんですわ。そやから構えも目付けも全部大きく、相手に。それで上から乗るような気持ちで使う。

岡村　そうすると、機が現れる。

石原　そう。

岡村　その現れたときには、打ちに変わるということですね、瞬間。

石原　うん、打ちに変わるわけなんだけれども、そのときに機を打つということにならん場合が多いんですわ。そやから堀口清先生は、そこのところを「機を打つということは非常に難しい」と。機ということを間違わなく判断して打つのが機をみての「を」じゃからね。機とみての「と」は、機であるか、機でないか、ようわからんが機とみて打つ、と。だから「機とみて技を出す場合が剣道では多いですよ」と、そう言われたことがある。

岡村 よくわかりますね。だから機をみて打つというときには、それは機であると自分が判断して打つことになりますね。

石原 そうです。でも機でない場合を機と受け取ってしまうことがある。そこで迷うんです。自分は攻めて打ったはずなのに、それが効いてない。そやから、攻めが効いたと思われる兆候の五番目にある「股や腕がしびれて動けなかったと相手が言う」こういう状態のときだったら、攻めは効いとるんです。

ほんとうの攻めとは

岡村 先生、話をちょっと戻してみますね。攻めが効いていると思われる兆候というのは、相手に何か現れるわけですね。

石原 相手に現れるんだけれども、攻めはわかっとっても、効いたというのはわかりにくい。それで私が少しわかりかけた。この点はね、持田盛二先生はすべてわかっておられた。

岡村　先生のお年でここまでやってこられて、少しわかりかけたということになると、大変難しいことですよね、これは。

石原　それはね、相手が教えてくれるんですわ。

岡村　攻めが効いたと思われるところは相手が教えてくれる。

石原　そうなんです。この間、ある六段とやっとったら「先生、今日は参りました」と言うので「どうした？」と聞いた。「もう、胸まで息がこみ上げてきて、これ以上やったら倒れます」と言うてきた。

岡村　そうすると、先生の攻めが効いていたことを相手が確実に証明してくれたということですね。

石原　そう、ここが胸苦しゅうなったと。それは私も経験しました。東京などへ出稽古に行くと、この辺が（と胸元を指しながら）苦しゅうなる。

岡村　それは攻められた、ということですね。

石原　そう、攻められた。しかし、そのときに、相手が打ってきたら返せることがあるんです。胸元が苦しいのはまだ攻めが全部効いとらん、ということです。ほんとうは相手がしびれて動けんくらい攻めないと。それも教えてくれるんです、相手が。あるとき、片手突きを突いたときに、「参りました」と言うて終わったんです。「今日は先生、もうしびれて動けなんだ」と。それがね、そう言うてくれるから、わかる。ずっとやっとる間に少しわかりかけた気がする。そういう兆候を教えてくれるから。

岡村　うーん、なるほど、そうですか。

石原　そやからこれは難しいところですよ。私は長年、攻めが効いたら、そこが打つべき機であると思うとった。だが、じっくり考えてみたら、攻めが効いてもやっぱり全部が機であるといえない場合がある。これが私の体験ですわ。しかし、これは誤解を招く恐れがあるからね。高校生などにこんなことを言ったら迷うてしまう。私は八段受審を控えているぐらいの人に言ってるつもりです。

岡村　これは「高段者の人にとって考えること」と、そういうふうに銘打ったほうがいいですよね。

石原　青少年を指導するには、攻めが効いたときは機なんだと、打つべき機会だと教えないといかん。八段をめざそうというぐらいのところには両方ある、ということを教えないといけないでしょう。

岡村　先生、具体的に列挙していただいたんですが、「剣先を左右から小刻みに張ったり押さえたりする」というのは、相手が、でしょう？

石原　相手。

岡村　相手でしょ、やっぱり。相手がそういうふうにしてきたら、こちらの攻めが効いているということですね。

石原　少し効いてきたから、そういう相手にはなおさらね、その動作を強くやらせる。しかも強く握らして、ますます硬くさせる。

岡村　より攻めを効かす、ということですね。

石原　そうすると、打つべき機ができるんじゃ。相手が作ってくれる。

岡村　二番目の「打っても、打ったような気がしない」というのも、相手が言うことですか？

石原　そうです。

岡村　相手が打っても打ったような気がしない。というふうになってきたら、こちらの攻めが効いているということですね。相手が打ちながら、打ったような気がしないというのは、こちらの攻めが効いてきたひとつの兆候ということですね。

石原　そう。それでその懸かるほうが打って、元立ちが「参った」と言うて、はじめて「ああ、今のは一本かな」ということを相手が自覚できる。それまではわからない。
岡村　相手が一本かな、ということを思うんですか？
石原　そう、こちらが「参った」と言うから。
岡村　じゃあ、そういうふうに打ったような気がしないけれども、そのうちに元立ちのほうが「いやあ、参った」というのがあれば、それは向こうの一本を教える機会にもなるわけですね。
石原　そうなんです。
岡村　向こうが一本であるというのを、稽古の中で教えていかなくてはいけない……。
石原　そやから高校生なんかにはね、これを十分にやってやらにゃあいかん。あれやこれや余計なことは言わずに、パーッと打ってきたら、「ああ、ええところじゃった。参った！」と言ってあげれば、高校生は自信を持つ。
岡村　そういう方法で、有効打突を教えるということがあるわけですよね。それから三番目の「稽古は面白いが、息が早く上がり、胸苦しくなった」と、これも相手が言った場合は、こちらの攻めが効いていた、ということですか？

石原　いくらか効いていたと――。

岡村　いくらかですか（笑）。次に四番目の「気持ちが上ずって胸につかえた」というふうに、相手が思ったり言ったりしてきたときは、こちらの攻めが効いてきたということですね。そういうのが兆候だと。

石原　そうです。稽古が終わって相手が言うんです。「今日は上ずってしまった……」とか、教えてくれるんです。

岡村　だからこちらの攻めが効いたことは、相手が教えてくれる。感じた相手が教えてくれないで、こちらだけが効いていると思っているのは間違いであると。

石原　そうなんです（笑）。

岡村　こちらは攻めているから効いていると思っても相手に反応がないのは、攻めが効いてない証拠だと……。そこをよく理解しないと駄目だということですね。

石原　だから相手が教えてくれることによって、ああ、ああいう場合が、攻めが効いたんだなということがわかる。それで私も少しずつわかってきた。

岡村　なるほど。それで「攻め」というものがわかってくるということですね。ここは先生、修行の仕方の大事なところですね。

石原 （大きく頷きながら）これがわかったら先生、剣道を誰とやっても恐ろしゅうない。年齢に関係ない。元気であればできる。

岡村 五番目の「股や腕がしびれて動けない」というのは、「もう先生、今日は参りました」と言ったようなときが本当にしっかり効いたときだな、ということですね。

石原 そのときは「機」だ。打ったらもうパッと技が決まる。

岡村 最高に効いているときは、決まる。なるほど、わかるような気がします。

石原 それで、実際にそれを使う場合には「三つの許さぬところ」と「三殺法」を使う気持ちでやったら、その「機」がだんだんわかってくる。そういう気持ちでやった稽古であったら、すぐに効果が表れる。

岡村 先生、もうひとつ説明の後ろのほうにある、非常に大事なことなんですが、「攻めは無心と緩急強弱があれば、最高に働く」と先ほどの話に戻ります。これはやっぱり、無心であるということで、相手に迫っていかないと、意図的にはからった攻めというのは、さほどに効果はないと。

石原 効果がないばかりじゃなくして、そこを遣《つか》われることがある。

岡村 ああ、わかりました。こちらの意図があると向こうはわかるということですね。

こちらに意図がなければわかりようがない。そういうことを「無心」という言葉で先生は言っておられるわけですね。わかりました。こちらに意図がなければ、相手に読まれることはない。

石原　こちらがなんにも考えとらなんだらわかりようがない。何か考えてやったろうと思ったら、どこかに出るんです。その「きざし」が。相手は鋭敏ですからね。

岡村　そうすると何にも意図的なもの無しで、全体の総合力で攻めていく、ということですか。

石原　そうです。だからね、暴れ馬を乗りこなす、そういう攻めなんです。

岡村　暴れ馬を乗りこなすと言われましても……。暴れ馬に乗ったことないんです。

石原　それはな、手綱をぎゅっと締めたら、かえって暴れる。ちょうど、生かさず殺さずのところなんです。ちょうどいい、緩急強弱なんです。

岡村　なるほど、やっと少しわかりましたよ。先生のお言葉がわかりました。

石原　そうしたらね、相手を攻めすぎたら、相手は防御しようとする。そうしたら決まらんのですよ。

岡村　攻めすぎても、相手はそれに反応してきて、かえって決まらなくなる。なるほどね。

石原　そやからね、あんまり攻めすぎたらいかんのよ。ちょうどいい攻めを……。攻めて誘い、攻めて誘い、攻めて誘うと両方いるんです。

岡村　ちょうどいい攻めで相手に迫っていかなければ駄目だと。それが攻めすぎだと駄目。攻め不足はもちろん駄目でしょうね。

石原　攻め不足は問題にならん。攻めすぎると上すべりになる。

岡村　攻めすぎると上すべりになる。ああ、なるほどね。やっぱり先生から直接お話をお聞きしてみて、よくわかりました。

石原　だから「緩急強弱」という言葉は、これは意味が深いですよ。

岡村　「攻めが効いたと思われる兆候」については、間違いなく高段者向きの〝攻め〟のお話ですね。

石原　そやから「しびれることとは、攻めの怖さがわかるレベルの高い人である」と付記しておいた。要するに、攻められて、しびれるというのは、その攻めを感じる段階の人だ。そういう人には「お前は攻めの怖さがわかってきた。たいしたもんだ」と褒めてやる。そうしたらまた自信を持つからね。

岡村　攻めのわからない、たとえば若い高校生ぐらいがこちらの攻めを感じないで、遠間からパーンと来て当たったということがありますよね。
石原　あるある。
岡村　それは彼らは高度な攻めを感じないし、攻めがわからないわけだから、ひとつレベルが違うということですよね。ある程度のレベルにならないと、この攻めを感じることはできない。
石原　だから五段ぐらいまでは攻めが効いたときは「機」だと、こう教えにゃいかん。しかし、六段以上の人には、それは「機」とは言い切れない、と教えなければいけないのじゃなかろうか。
岡村　五段までは攻めが効いたときが打つ機会。だけど六段ぐらいになったら、それは打つ機会とは限らない、というふうに変わっていくわけですね。
石原　そう。ここは誰も言うとらんところじゃからな。
岡村　やっぱり実際にお話をおうかがいしてみないとわからないところがありますね。この続きは「八段合格のポイント」というテーマでさらに深く掘り下げて、勉強させていただきたいと思います。今日はどうもありがとうございました。

姿勢と気勢

岡村　石原先生からいただいたお手紙の中に、「八段合格のポイント」というのがありました。いま、八段の受験者が猛烈に増えています。ですから先生のお話を参考に聴いていただいて、八段の合格者がもっと増えてくれるといいなあと思っているんです。そういう意味で、八段合格のポイントについて、おうかがいしたいと思います。

石原　その前に、前回の説明で「攻めが効いてもそのすべてが『機』とはいえない」という私見をわかりやすくするために次の資料「攻め打ちが決まる五つのコース」を作ってみたので参考にして下さい（表J参照）。

岡村　どうもありがとうございます。ああ、具体的でわかりやすいですね。あらゆることを「充実した姿勢と気勢」で行なうのだ、ということ。打つ時は常に「捨て身」になれ、ということですね。

石原　その通りです。湯野正憲先生が若くして「攻めて打つ」を提唱し、学校剣道の振興に献身されましたが、剣道の深いところを見据えた慧眼《けいがん》には今さらながら感服し

表J　攻め打ちが決まる五つのコース

A．攻め打ち
機㋣見て
（初心者～五段位まで）

B．攻めて打つ
機㋾見て
（高段者60歳以上）

①充実した気勢と捨て身で
②機を作って
③乗って
④三殺法で
⑤三つの許さぬ所で

有効打突

言葉通り受け取れば２拍子である。高段者は終始攻め続けることが身についているから実際は１拍子となり得る。
受け身（迷い）２拍子——不可

出端　——で
居ついた——た
尽きた　——た
（私見）

説明

1. ①の充実した気勢と捨て身は、②～⑤の４コースすべてに大切なことである。
（決めの基本的心構え）
2. Aの㋣は、機であるかどうかわからないが、という意（現実）
3. Bの㋾は、確かに機であると見て、という意（理想）
4. ①の気持ちで打てば、技の初動で機でなくても、終末で相手が崩れ見事な有効打突となることが多い。これも立派な攻め打ちであるから高校、大学生にはこれをしっかり教える必要がある。（五段以下には①の指導がとくに大切）
5. ②③④は本書P171～に
6. ③④⑤は60歳以上の高段者に大切。（石原範士は④⑤工夫中）
7. ⑤の居ついた——た、尽きた——た——は、私見
8. 稽古では、AからBへ、有心から無心への移行をめざす。

表K　八段合格のポイント

①姿勢と気勢……静の時も動の時も――――攻め
②気剣体一致……攻めも守りも――――有効打突
③実　力　　……総合力
4 理念を踏まえた剣道
5 風格・品位

説明
1. ①②は基本の集大成。常に大強速軽をイメージして身につけることが大切。
2. ①②③ができれば、4、5は自然にできる。
3. 品位には服装、態度、礼法、所作も含まれる。

ています。

岡村　それでは、先生に挙げていただいた「八段合格のポイント」五つの項目（表K参照）について、もう少し細かく解説をいただきたいと思います。

まず、①姿勢と気勢というのは、静の時も動の時も、とあります。これは「動静一如」という言葉もありますけれど、静の時も動の時も、常に姿勢と気勢がしっかりしていないといけない、という意味でしょうか。

石原　そういうことです。静の時も動の時も、と書いたのは、こういう経験があるんですよ。ある人とある人が稽古して対峙した時に、あー、ええ姿勢だな、と思うてね、これはどんな技を出すのかと思ったら、技を出したら、姿勢が崩れた。そやから、静の時の姿勢だけでは駄目なんです。動の時であっても、その姿勢が保たれなければならんのです。そうでないと有効打突にはつながらんですわ。

岡村　そうすると、静の時の姿勢が動の時になったら崩れる姿勢というのは……。

石原　作った姿勢。

岡村　作った姿勢であって、ほんとうの姿勢とは評価できない？

石原　そういうことです。それがかなり多いんです。

岡村　しかし、「動の姿勢」という言葉は、あまり使いませんよね。

石原　だからね、動の時に気剣体一致の姿勢になっていなければいけない。

岡村　そうすると、動の時の姿勢が崩れないような静の姿勢というのができなきゃ駄目だよ、こういうことが一つ言えるわけですね。

石原　そうそう。腰から技が出るんですからね。せやから技を決めようと思ったら、腰が崩れたら、決まるはずがないんです。

岡村　姿勢というのは、「姿」と「勢い」という言葉が並んで「姿勢」となっていますよね。そうすると気勢というのも、「気」と「勢い」という両方が一緒になったような、姿勢に気勢が伴わないと駄目なんですね。

石原　そう、それが攻めになるんです。

岡村　うーん、それが攻めになる。そうすると逆に言えば、勢いのない姿、勢いのない気というのがあって、それでは駄目だということですね。姿にも勢いがあり、気にも勢いがあるというものでなければ、姿勢、気勢にはならない。そうならなければ、攻めにならない。つまり、相手に何かを感じさせ得ない。

石原　そうそう。それで同じ段位同士であれば、五分と五分なんですよ。五分と五分では攻めも効かんし、技も決まらない。そこに剣道の難しさがあるんです。攻めようと思うても、同格だったら、攻めとっても攻めになっとらん場合が非常に多い。

岡村　そうすると姿勢と気勢、その二つで相手との状況の違いが出てくる、ということですね。

石原　出てこなければ駄目なんです。

岡村　なるほど。

石原　五分だったら、これはプラスマイナス0《ゼロ》になるんだ。

岡村　お互いにできない？

石原　うーん、お互いにできない。

岡村　そうですか。そうすると姿勢と気勢づくりが、八段の大きな基礎的ポイントであって、瞬間的にもその状況に変化があった時に技が決まっていく。そう受け取って、よろしいですね。

石原　そういうことです。

守りの気剣体一致

岡村　二番目に「気剣体一致」という言葉がありますが、これは今の気勢が気であるし、姿勢が体ですよね。そうすると、ここに剣が入ってきますね。ここが問題ですね。先ほどの姿勢と気勢に剣が伴って、それが維持できるかできないか、と。

石原　剣で攻めて、剣で防ぐ。剣で攻めも守りもするんじゃからね。「守りの気剣体一致」のほうが大事なんだ。

岡村　先生、それは今までの書物にはあまり出てこない言葉です。攻めの気剣体一致はみんなよく知っていますが、守りの気剣体一致ということのほうが大事ですよ、というのは先生、珍しいお言葉に取れますよ。

石原　それはね、守りの時には崩れるんですよ。崩れんような気剣体一致が大事なんだ。

岡村　守りの時の気剣体一致が大事だ、ということですね。

石原　そう、とくに六十歳以上の老化が進む時分から大事なんだ。

岡村　老化を始めた人は、守りの気剣体一致というのがなければ……

石原　でけんようになる。年寄りの一番難しいところは崩れが出てくる。つまり老《ろう》醜《しゅう》が出てくるんです。だから私は老醜を出したら、自分の剣道はおしまいだと、自分では思っておるんです。

岡村　老いさらばえた醜《みにく》さ、同情されるような老人の弱々しい姿ですか。先生の言われるこの老醜というのは、年齢と直結して併行して進んでいくものではないですね。年齢と直接かかわる老醜じゃなくて、ある年齢を越すと、年齢では分けられない、年齢を超えた老醜がある、ということですね。

石原　そうなんです、剣道にはね。

岡村　老醜とは、具体的にいうと、どういうことが挙げられますか？

石原　……。

岡村　たとえば崩れがありますね。

石原　崩れがある。

岡村　遅れもありますね。

石原　遅れもある。

岡村　人の心を打たない姿もありますね。

石原　そうそう、いろいろありますよ、それは、そやから私は面をかぶったら、老醜を出しちゃいかん。そういうような気持ちでやる。

岡村　難しいですね（笑）。老醜が出ているかいないか、自分ではなかなかわかりませんよ。その年になると、他人も言ってくれません。

石原　それはそうだ。だから私はビデオを撮ってもらっているんだ。

岡村　自分の姿をビデオで見て、老醜をその中から見つけ、それを直しておられるのですね。そうすると、老醜とは何だ、という正しい眼を持たなければ直しようもない。

石原　足がもつれているとか、ちょっと背中が丸くなっているとかいうようなことは、すぐわかりますわ。

岡村　視覚を通して自分の老醜を確認する。そして改めていく。そのくり返しをし続ける、ということですね。

石原　こういうことがありました。ある日、稽古をやって帰ったら、翌日、起きようと思っても起き上がれない。寝たきりというのはこういうことかなと思ったくらい、トイレにも行けんのですよ。どうしてそうなったのか最初はわからなかったけれども、それまで撮ってもらった自分の姿をビデオで確認したところ、はじめて私の姿から教えてもらったですわ。あっ、こういう無理をしとったか、と。それが九月の終わりでした。九月いうたらね、ちょっと涼しゅうなっているでしょう。ちょっと楽になったから、私の調子が良かったんです。そこで無理をして、少し緩急強弱を失ったんですね。あー、ここに体調をこわす原因があったなあと。私はそれをビデオで発見して、今の安全運転を考えるようになったんです。

岡村　そうすると、安全運転というのができないで、無謀な運転をしていると、結局は駄目だよ、ということですね。

石原　無理をすると駄目になる。

岡村　無理をすると、急激に老体の欠点を出していってしまうということになるわけですね。高齢者になったら、無理をする稽古は決してしてはいけないということですね。でも懸かる人が並んでいてくれると、つい無理をしてしまいますよね。

石原 それで、それをどうするかと言うたらね、攻めて、攻めて守る。守っちゃいかんのですよ。

岡村 そうすると高度な意味合いでいうところの「攻めが最大の防御」という言葉がまたここで息を吹き返してくるわけですね。攻めて守っているわけで、攻めのない守りは駄目だということでしょう?

石原 そうなんです。それで攻めて打ったら、またやりすぎなんですよ。攻めを効かして、相手に打たして、それを返して打ったり、すり上げて打ったり……できるだけこちらはエネルギーを使わずに、相手にしっかりエネルギーを使わせて、「参りました」と言わせる。

岡村 そして、こちらの打ちは相手のエネルギーをいただいて決めていくわけですね。

石原 そういう決め方もあるし、相手がしびれたらそこを打つ。

岡村 結果的には、相手の息を上げさせ、稽古は終わるというわけですね。

石原 相手がトットットットッと打つでしょ。それを惜しいところで捌いて、こちらが最後にポッと打つ。今まで相手が打ったやつがすべてご破算になるような遣い方をする。これが最高の遣い方やと思います。

岡村　ああ、いいですね。今のお話はいいですね。これが、どんなに年をとってもできるという剣道の秘訣ですね。相手のエネルギーをもらって、相手のエネルギーを消耗させて、そしてその合間でしっかり決めて……。そしてそれは相手の稽古にもなる。

石原　反対に老醜を出したら、その時点で相手が強うなる。すぐに、ここに穴があるなと思われて、こちらが苦しゅうなる。

岡村　あっはっは。そうすると、老醜を出すということは、相手を強くさせてしまうということですね。相手に勢いをつけちゃう。だから、老醜を出しちゃいけない。おもしろい話ですね。

石原　それはね、先生、懸かる者は一所懸命ですからね。年寄りだと思うてかばうてはくれんのですから。相手がいっぺんに強くなる。手も足も出んようになる。

岡村　あー、おもしろいですね。

石原　剣道はね、勢いだからね。

岡村　老醜というのは、勢いが消えてしまう、というわけですね。

石原　そうなんです。そして相手を勢いづける。火に油を注ぐようなもんですわ

（笑）。

実力・総合力

岡村　ここまで話してきて先生、八段合格のポイントの三番目が実力、そして総合力となっていますね。さあ、一番に姿勢と気勢、二番に気剣体一致、その次に実力とおっしゃいますが、この実力というのは、一番、二番をトータルして一つの力とした、そのもの以外にもあるわけですか。

石原　そう。

岡村　そこなんですね。この姿勢と気勢、気剣体一致、それ以外のものを含めて実力。だから総合力とおっしゃるんでしょ？

石原　そうそう。

岡村　そういう総合力というのは、①②にプラスα《アルファ》があるわけですが、どういうものがあるのでしょうか。

石原　①②は基本の集大成と私は考えている。だから平生、稽古するには、常に「大強速軽」をイメージして身につけることが大切。とくに「大」が大切です。姿勢を大きく見せる。それから目付けも大きく。目付けは相手だけじゃなくて、後ろへも。そうしたらケガもせん。事故防止にもつながる。

岡村 はい。

石原 それから足の捌きも、大きいところも小さいところもやる。とくに大きいところをやらにゃいかん。大は小を兼ねるんでね。大きくやっとったら、小さいこともできる。小さいことばかりやっとったら、大きいことはでけへん。それが大強速軽で一番難しいところ。これをやったらね、今度は、大きく速く強く、という組み合わせもやるんですよ。

岡村 先生のおっしゃる大強速軽というのは、まず別々に試みる。なかでも大きくということを考えろと。強くというのは？

石原 強く打つ。強い心も考えないといけない。

岡村 それから「速」というのは、速くも考えろと。

石原 そう。

岡村 それでは「軽」というのは何ですか？

石原　軽快、軽やかに。年をとったら、とくに鈍重《どんじゅう》になるんです。

岡村　「軽」は鈍重の反対と思えばいい、ということですね。

石原　鈍重であるべきところは鈍重で、軽快であるべきときには軽快に。あまり軽快ばっかりじゃ駄目なんです。

岡村　そうすると、大・強・速・軽は努力点としては別々にも考えなきゃいけないけれども、これをまとめて考えろ、ということがあるわけですね。

石原　そうなんです。それを平生の稽古で考えなきゃいかん。

岡村　平生の稽古で、大と強を組み合わせ、強と軽を組み合わせ、大と速も組み合わせ……。

石原　大きくやろうとすると、ゆっくりになるんです。そやから、大きくやったら、速くやるようにする。次に小さくやったら、軽くなるんです。それを小さく、強く。そういうように組み合わせてね。それが総合力になる。

岡村　①と②の他にそのようなことを加えて総合力となる。そうすると総合力を磨くのが重大なポイントとなりますね。

石原　総合力のない者は八段にはなれない。だから、この中の一つでも悪かったら駄目なんです。八段は、私は百点満点でないと、いかんと言うとる。マイナス点がちょっとついたら、そこを衝《つ》かれることになる。だから、八十点以上を合格にするという採点法は、八段の採点じゃないと思うんです。

岡村　百点を出した人を合格にしていく？

石原　そういうこと。九十点はもう不可です。十点のマイナス点を持っていたら、そこを衝かれる。

岡村　衝かれるようなところがなくなるぐらいの実力を身につけよと、そういうことですか。

石原　そういうこと。

岡村　厳しい——。先生、カンベンして下さいよ（笑）。これは大変なことですね。

石原　そりゃあ最高段じゃもの。しかし、私のような考えとは違う人もおるよ。私は百点満点しか○をつけなかった。そこまで厳しくせいとは言わんけどね。なかには八十点ぐらいでも○をつける審査員もおる。私は厳しくしても、何人かの総合点で出るんだから……。

理念を踏まえた剣道

岡村　先生、そこに理念を踏まえた剣道という項目が加わってきますね。

石原　これは全剣連としては当然ですよ。全剣連が地方講習をやっているのも、理念に合うような剣道を普及させたい、というねらいがあるんじゃから。

岡村　そうすると先生、理念を踏まえた剣道というのは、理念を踏まえて、①②③をやれ、ということですね。

石原　そうなんです。それで、今度、新規則ができて、各段毎の基準が示されるでしょ。「八段は、剣道の奥義に通暁《つうぎょう》、成熟し、技倆円熟なる者」と。これは言葉としてはいいけれども、これではようわからんのじゃ。そやから、この①②③はね、いま言った新規則に示された基準をある程度、具体化したものなんだ。

岡村　それを具体化したものとして、先生は表現を変えたということですね。わかりました。

石原　これは、私が審議員時代にやってきたことだし、今でもこれは間違いないと思うとる。

風格・品位

岡村　そして最後に、風格・品位がなければいけないと。

石原　そうなんです。①②③ができれば、自然に4、5はできる。

岡村　僭越《せんえつ》ながら私もそう思いますね。私は、風格・品位というものを取り出して教えることはできないと思います。

石原　それを教えたらね、失敗しますよ。それを作ろうと思うてやったらね、見破られるんじゃ、審査員に。

岡村　つまり理念を踏まえて、①②③をやれば、結果、風格・品位は身についてくる、こういう風に考えたほうがいいですね。

石原　そのほうがええ。最近はね、品位とか風格とか着装とか、やかましゅう言うでしょう。それを言うから、ことさらにそれを見せようとして、構えてやるのがおるんですよ。それはもう見ておれない。すぐわかる。

岡村　私は、風格・品位というのは、自分が判断するんじゃなくて、他の人が見てくれるものだと思うんです。結果として現れてくるものであって、風格・品位だけを取り出して学ぼうとするのは間違いだと思いますね。理念を踏まえて、①②③をやれば、他の人が風格・品位を見てくれる。そういうものじゃないでしょうか。

石原　品位には、服装、態度、礼法、所作も含まれる。

岡村　これも長い時間をかけて、服装を正し、正しい態度で、礼法をわきまえた所作を常に行なっていることで身につくことであって、急にこれをやろうと思っても駄目でしょう？

石原　そうです、その通りです。

岡村　長い時間をかけて、大事なことをやり通してきた。それが風格・品位を表わすことになるということでしょうね。

石原　まさにその通り。

剣道は習慣づけ

岡村　「風格・品位というのは、長い時間をかけた具体的努力によって身についてくるものである」というところで終わっているのですが、今回は「稽古の上で工夫すること」について、先生におうかがいしたいのですが。

石原　私の体験をお話しすることになるが、それでよろしいか？

岡村　はい。

石原　まず、引き上げのことです。これはね、地方ではとくに多い。一本打ってはやめて元に戻って始める。これは多くの場合、元立ちに責任がある。掛かるほうは、引き上げはあんまりせんからね。ところが、元立ちがえらい（気を張った稽古を続けていると、きつい）もんだから意味もなく引き上げをして休んでいる……。そういう稽古をしとったら駄目です。引き上げをせずに、迫真性と重厚性をイメージした稽古の習慣づけが大切です。

岡村　先生、この迫真性と重厚性というのが、ちょっとわかりにくいのですが。

石原　私は、宮本武蔵の『五輪書』にある「心を広く直《すぐ》にして、きつくひっぱらず、少しもたるまず、心のかたよらぬやうに、心をまん中におきて、心を静かにゆるがせて、其《その》ゆるぎのせつなも、ゆるぎやまぬやうに」という説明が一番わかりやすいと思う。結局、迫真性を出そうと思ったら、ゆるゆるとやったら出ないんです。それから、重厚性は速くやったら出んのです。このバランスが大事なんですね。

岡村　裾野が広く、しかも何もかも含みをもった富士山のような悠然とした姿で、いつ爆発するかわからないようなエネルギーが満ち満ちている。そんな感じですか。

石原　そう、うまい表現だ。ただし、これは六十歳以上の高段者という意味ですよ。そやから八段を志す者は、これを習慣づけたら一番ええ。それから、次はハンデをつけての稽古。地方では上位の人に願えることは少なくなりましょう。そこで、有効打突の基準は、己に厳しく、相手に寛大に。

それから三番目はね、有効打突を相手に納得させるためには、上手に切り上げる。つまり、相手に「参りました」と言わすには、打った瞬間に、すぐ次の動作に移ったら、相手は「参った」と言うてくれんのです。その時にちょっと間《ま》をおくんですよ、相手に考えさせる間をね。たとえば、小手を打つでしょう。小手を打って、すぐ相手の間合に入ってしまうと、もう相手は「参った」と納得する間がない。それでポッと打って、間合を切って、相手も打てん、こちらもピタッと次の備えができていれば、「参りました……」となる。胴を打って、打ったままサーッと間合に入ったら、相手は「参った」とは言わん。「胴ッ！」、パッと間をおく。その相手に納得させることが、つまり審査員を納得させ、審判員に手を挙げさせることにもなる。だから、あんたはよく打つけれども、一本に手が挙がりにくいと言われる人がおるでしょう。そういう人は絶対に審査員に○をつけてもらえん。とくにそれが連続技のときに起こりやすい。意識的に二段打ちをやろうと思って、一本目の打ちが決まったときに、次の打ちを出してしまうんじゃ。その次の打ちを出すということは、前の打ちを自分で否定する、そういうことになりましょう？　自分で一本目が決まったという確信があるんだったら、そこでやめるはずだ。それを見た審判員が、見て、判断をして、手を挙げて、宣告する時間がいる。要するに、審判員にも納得させる時間がいるということです。その間をパッとおくというのが、上手な仕上げじゃ。それを習慣づけておけば、審査に絶対落ちることはない。この三番目が一番難しいですよ。

岡村　何年も前に、小森園正雄先生が「岡村、打って終わりじゃないぞ。打った後の決め、調《ととの》えがあるんだ」、こう言われたんですが。

石原　それが残心ですわ。それが仕上げの間です。つまり、審判は見て、判断をして、手を挙げて宣告でしょ。その間、若干の間がある。その間をおかなんだら、審判の手が挙がらんのですよ。審査も同じです。

岡村　ということは、これが確実に一本だということを相手に納得させる。その間を、パッととれなきゃ駄目だということですね。

石原　いつも、というわけじゃないですよ。はっきりした打ちは、そんな間をおく必要はない。ところが、剣道には、手を挙げようかどうしようか、というような、いわゆる有効無効のちょうどきわどいところがあるんです。手を挙げてもいい、消してもいい、という打ちがかなりある。それを上手に相手に納得させる。そういう習慣づけをしとったら、審査も、試合の時にも、それが有利になってくると思う。

岡村　いい例を思い出しました。明治村大会でAさんにBさんが見事な跳び込み胴を打ったんですが、何かひとつ足りなくて一本にならなかった。次にAさんにCさんがほとんど同じ技を出したんです。そしたら審判が三人ともパッと手を挙げたのです。それを警視庁の太田忠徳氏に話したところ、太田氏は「岡村さん、Cさんは決めがうまくて警察大会で審判に手を挙げさせる名人なんですよ」と言われたのです。今の先生のお話、よくわかります。審判員も、審査員も、納得してくれるものがないと駄目ということですね。そして、それは決して引き上げではない、ということですね。

石原　引き上げじゃ駄目。引き上げだったら、一本取り消されますからね。私はそれを切り上げ、または仕上げと表現している。

岡村　よくわかりました。有効打突には仕上げがある、ということですね。

石原　全部じゃないですよ。要するにきわどいとき。はっきりした打ちは仕上げは要らない。人間ですからな、やっぱりそういう風に仕上げを上手にやられたら、審査員も審判も相手も「参った」となるんですよ。

岡村　大事な決めですね。

石原　決めだ。

岡村　決めがあるよ、ということですね。

石原　そうそう。決めの上手・下手があるんですよ。それはどうするか言うたら、平生の稽古で、とくに二段打ち、三段打ちのときに決まったときにパッと仕上げをできるように習慣づけとったら、非常に有利になる。

岡村　これは『円相の風光』にも書いてありますが、先生が稽古を止めるときは、完全に一本になったときと、危険な状態になったときとおっしゃいましたね。いまの仕上げは、それとは違いますね。

石原　違う、違うですよ。

岡村　仕上げというのは、それとは別にありますよ、技の決めという仕上げがありますよ、ということですね。

石原　「技の決めという仕上げ」ええ言葉じゃ。とくに二段打ち、三段打ちの場合。いまの剣道は小手・面を行こうと思って打っておる。ほんとうの剣道はね、小手が不十分だから、次の面。これが二段打ちじゃ。ところが初めから計画的にねらう打ちもあるんです。

岡村　その場合の二段打ちは、最初の打ちは「打ち攻め」みたいなものであるから、最初の打ちがパクッと当たっても、一本は取れませんね。

石原　今の規則では、それがパクッと当たっとったら、引き上げがないときには審判は取れるんじゃが、人間はね、目で見てすぐ手が挙がって宣告はでけんのですわ。見て判断をして、手を挙げて宣告なんじゃから……。

岡村 その間に次の技に行っちゃうから消えますでしょう。

石原 その打った本人が、一の技がないと思うから次の技に行くんじゃから。

岡村 一の技は自分で消しているわけでしょう。それは一本にはなりませんね。

石原 一本にはならない。一本に決まったと思うたら、そこでさっきの仕上げをせにゃいかん。

岡村 だから仕上げができないで、次を打ってしまえば、前の技は消えるよ、ということですね。そこを今の剣道界に先生、はっきりわかってもらったほうがいいと思います。そこで仕上げがなくて、次に行っちゃったということは、その前の技は一本にはならないと。

石原 ところが、上手な試合運びをする人は、そこでパッと仕上げをやりますよ。上手にやめとる。

岡村 本当に上手な人は、そこで仕上げができる？

石原 できる。

岡村 だけど、最初から小手・面をねらって行った場合には、先生、なかなかできないでしょ？

石原　できない。私はそれを中学校時分にやかましく言われた。それがパッとやめられるぐらいのセンスがなかったら、試合には使えん、と言われたんじゃ。それは高段になっても生きとる。剣道はね、ああ惜しいなあというところがかなりあるんです。そのときに仕上げを上手にやったら、審判の手が挙がる場合もある。まあ、これを習慣づけとったらね。審査にも落ちんですよ。相手や審査員を納得させるから。

量より質の稽古が大切

岡村　先生、話が戻りますが、稽古の工夫の中で、先ほど先生がおっしゃいました、ハンデをつけての稽古を心がけよ、ということは、稽古の努力の形態としてはとても大事なことだと思うんです。とくに地方で上手《うわて》がいない人たちが、下位の者と稽古をするときに、自分の中に自分で決めたハンデをつけて、そして精一杯やるという稽古の仕方を持たないと、自分を上達させる稽古ができないんじゃないですか。

石原　まさにその通りです。

岡村　下手《したて》とやっても自分を上達させるという稽古を常に考えていないといけないんで

すよね。

石原　地方ではね、審査を受ける受けないにかかわらず、そのハンデをつけた稽古を充分に積まなんだら、元立ちが弱くなる。稽古をしながら弱くなってしまうんです。

岡村　そこなんです、先生。元立ちというのは、稽古の量では、懸かる人より量を多く積むわけですが、悪い稽古の量を多くすれば、どんどん悪くなっていく。

石原　そうそう。

岡村　量を積むんだから、いい稽古をしていけば、元立ちがどんどん強くなるということがあるでしょう。それができなきゃ駄目でしょう？

石原　それができなくちゃ駄目だ。

岡村　そこなんですよ。難しいところ、そして大事なところは。

石原　私は囲碁が好きだという話をしたことがありますが、岡山県警におった時分に、県庁では、昼飯を食べずに碁を一所懸命にやりおったんです。一時間に三番ぐらい。それでだんだん悪くなるんじゃ、早打ちして。剣道でもな、剣道が好きでたまらんのじゃけれども、やるたびに筋が悪くなる、そういう剣道もある。なかには、ちゃんと手筋を直してもらって一週間に一遍か二遍やっとるだけなのに、だんだん強うなる。

そういう人もおる。
岡村 結局、量だけではない。そこに込めている心の置き所が正しいということがなければ、量を積んでも駄目だということになりますね。
石原 そやから『円相の風光』に「心の匙《さじ》加減、気持ちの匙加減が非常に大切だ」と書いておる。剣道は、気持ちの匙加減ひとつでどんどん変わってしまう。
岡村 元立ちをやりながら、自分の稽古を磨いていく方法、これを考えなければ、地方で元立ちをしながら腕を上げていくことはできませんよ、ということですね。
石原 その通りです。それから八段を受けようという人はね、人から教えてもろうて通ろうというような気持ちじゃ絶対通りません。
岡村 自分で求めて……
石原 そう、求めて。
岡村 工夫し……
石原 工夫して。
岡村 稽古を重ねて、自得していく。
石原 そうです。低段者の場合は、先生に教えてもらったことを守って、それで合格していくんです。八段はそういうものではない。自分で実技も形も学科もしっかり取り組んで解決していかねばいけません。

岡村　いま、八段の受験者が増えつつあるので、私は喜んでいるんですけれども……。

石原　わしはね、増えるのはいいと思う。増えなんだら、地方では足らんのじゃからね。しかし、力を持っとらん者を八段にしたら、これは困りますよ、全剣連は。

岡村　力を持っている者の人数が増えてくれれば、八段は増えていい。しかし、力を持っている者でなければ、八段になってはいけない、ということですね。

石原　それでは剣道がだんだん曲がってくる。剣道形でもね、拡大解釈をして、解説書を離れた形の指導をやったら、正しいものを伝承するということはでけんわ。いっぺん間違うたことを教えたら、取り返しがつかん。教育は大事ですよ。

剣道形は基本の基本

岡村　他に八段を受ける人たちが注意しなければいけないことというのは、どういうことがありますか？　やはり健康が大事ですよね。

表L　基本に戻ろう

1　面打ちの決め方

（現行剣道の基本的欠陥）

A　悪い方法

1．振り上げのとき、左拳が体より離れすぎ
（両肘が振り上げたとき、すでに伸びている）

2．振り上げた剣先が、水平より下がりすぎ

3．連続打ちのとき、とくにひどく、力の入れっぱなし

B　良い方法（剣道形は基本の基本）

1．中段から両肘の角度のまま、最短距離を通り、右上段に振りかぶる右上段とは、「左手握りを額の前上ひと握りのところにとる。剣先は正中線とする」

2．両腕の肘関節を目標に向かって伸ばしながら打つ。

3．最後に手首のスナップが利くと瞬間、速度が倍化し、冴えが出る。

2　連続面打ちのやり方

面打ち　⟷　右上段

（伸ばす　⟷　（曲げる（肘）
　締める）⟷　　緩める（力、手の内））

技の原則は、締める　⟷　緩めるの反復。
締めっぱなしはしない。

3　総合力

1．打ちの決め方を心得ていても、さらに上手《うわて》に懸かれば通じなくなる。
剣道はどこまでも力の世界
力とは……私見
①技を決めて、決めさせない
②息をあげない、崩れない

石原　それは当然のことじゃな。まあ剣道そのものじゃったら、基本を離れての剣道は合格しませんわな、なんぼやっても。

岡村　先生、私もほんとうにそう思います。年が進むにしたがって、からだに垢《あか》がつくでしょう。技にも垢がつくでしょう。基本にも垢がついてくるでしょう。だから、基本から垢を取り除くような基本は必須でしょうね。

石原　必須じゃな。

岡村　日本武道館が発行している月刊『武道』を読んでいたら、空手でも、少林寺拳法でも、弓道でも、高段者あるいは高齢者は「基本を磨け」と言っているんですよ。僕は、剣道もまったく同じだと思いますね。

石原　持田先生が天覧試合に優勝されてから、基本をやり直したと言うんじゃからねえ。

岡村　だから八段の受審者は、基本の復習を忘れてはいけない。ここに焦点をしぼって、しっかり練習しろ、ということが大事なんですね。

石原　基本を離れた練習をやったんでは通用しませんよ。

岡村　八段受審のポイントの最後に基本の復習、基本へ帰れ、というお話になり、私は「我が意を得たり」の気持ちでいっぱいです。そうすると、その基本をやった上で前に詳しく述べたところの「機」を勉強せよ、ということですね。

石原　それはもう、つまり有効打突というのは、機を離れてはないんじゃから。

岡村　基本と機を、きっちり組み合わせていけば、まず間違いない。この辺が先生、結論のようですね。三回にわたりまして、貴重なお話をいただき、ほんとうに有難うございました。

[資料1] **岡村氏が実践してきたトレーニング部位と各種目のポイント**

部位	種目	難易度	ポイント
胸部	チェストプレス	1	上半身の筋力の基盤をつくる。マシンを使用するのでフォームの習得が容易。
	プッシュアップ	1	腕立て伏せ。自宅など器具がなくてもバランスよく上半身を鍛えることができる。
	ダンベルフライ	2	胸部だけを集中的にトレーニングする種目。基本的には基礎トレーニングと一緒に実施する応用種目。
	ダンベルチェストプレス	3	チェストプレスの動作をダンベルで行なうことにより可動域をさらに広げることができる。
脚部	レッグプレス	1	下半身の筋力の基盤をつくる。マシンを使用するのでフォームの習得が容易。
	ステップアップ	2	階段の昇降動作。全身のバランスを養いながら大腿部・ハムストリングス・臀部などを鍛えることができる。
	ランジ(前・後)	2	前後に足を踏み出す動作。前後の重心移動を伴いながら脚部を鍛えることができる。
	スクワット	2	下半身の筋力の基盤をつくる。下半身のトレーニングの基本種目。
	カーフレイズ	1	ふくらはぎ(腓腹筋)のトレーニング。剣道に多い障害(アキレス腱断裂)の予防にも役立つ。
背部	プルオーバー(マシン)	1	上半身(背部)の筋力向上を目的とする。マシンを使用するのでフォームの習得が容易。
	ダンベルプルオーバー	2	上半身(背部)の筋力向上を目的とする。ダンベルを使用することにより競技特性を考慮している。
肩部	ダンベルショルダープレス	2	肩部の筋力の基盤をつくる。姿勢を保持する筋力も同時に鍛えることができる。
	サイドレイズ	2	三角筋(肩部側面)を集中的に強化できる。
	フロントレイズ	2	三角筋(肩部前面)を集中的に強化できる。
腕部	キックバック	1	上腕の後面(上腕三頭筋)の強化。竹刀を振り下ろす動作に必要。
	トライセプスエクステンション	2	上腕の後面(上腕三頭筋)の強化。竹刀を振り下ろす動作に必要。
体幹部	トランクカール	1	体幹部の強化。特に姿勢を保持するために必要な腹直筋を強化できる。
	サイドベント	1	体幹部の強化。体を捻転する際に働く腹斜筋(脇腹の部分)を強化できる。

※難易度(種目を実施する上でフォームを習得する難易度):1.初級　2.中級　3.上級

［資料２］ **岡村氏ウェイトトレーニングプログラム(一例)**

期間：2000年12月６日～2001年１月10日　週３回実施

目的：筋力アップ・障害予防のコンディショニング

NO	エクササイズ	条件	/	/	/	/	/	/	/
	エクササイズバイク	5分							
	ストレッチング	リズミカルに行なう							
1	ダンベルチェストプレスまたはプッシュアップ	4～5kg×10回							
		15～20回							
2	スクワットまたはステップアップ	15回							
		10回							
3	ダンベルプルオーバー	5～6kg×10回							
4	ランジ（ダンベルを持って）	前10回							
5	ランジ（ダンベルを持って）	後10回							
6	サイドプレスまたはショルダープレス	4～5kg×10回							
7	トライセプスエクステンション	3～4kg×10回							
8	トランクカール	10回							
9	カーフレイズ（障害予防）	15回							
	クールダウン	5～10分							
	体重								
	体脂肪率								
	実施場所								
MEMO									

このトレーニングについての資料は東海大学スポーツ医科研究所有賀誠司氏の指導・測定によるものである。資料４の結果比較、チェストプレス、レッグプレスはアメリカスポーツ医学会評価表と、他は日本人の年令別平均値と比較したものである。

［資料3］ **測定結果**

測定日 及び 年令	平成12年 7月5日 63歳	平成12年 10月18日 63歳	平成12年 12月20日 63歳	平成14年 4月25日 64歳	平成17年 6月13日 67歳	増減 (cm)
身長(cm)	165.0	165.0	165.0	165.0	163.9	−1.1
体重(kg)	67.6	68.3	69.8	68.8	71.5	+2.7
体脂肪率(%)	21.7	20.1	20.2	22.9	24.1	+2.4
胸囲(cm)	99.0	99.0	98.0	99.0	102.0	+3.0
腹囲(cm)	91.0	90.0	90.0	90.5	97.0	+6.0
腰囲(cm)	96.5	95.0	94.0	96.5	98.0	+1.5
大腿囲右(cm)	54.0	53.5	53.8	54.0	55.0	+1.0
大腿囲左(cm)	52.0	51.5	53.0	53.5	53.5	+1.5
下腿囲右(cm)	37.5	38.0	38.2	37.5	39.0	+1.5
下腿囲左(cm)	37.5	38.0	38.5	37.0	38.5	+1.0
上腕囲右伸展(cm)	30.0	29.5	31.0	29.3	31.0	+1.0
上腕囲右屈曲(cm)	31.5	33.5	33.5	33.0	33.5	+2.0
上腕囲左伸展(cm)	30.5	29.0	30.0	29.5	30.3	−0.2
上腕囲左屈曲(cm)	31.0	32.0	32.2	32.0	33.2	+2.2
前腕囲右(cm)	28.5	29.0	29.0	29.0	29.0	+0.5
前腕囲左(cm)	28.0	29.0	29.2	28.5	28.0	0

［資料4］ **一般的体力テスト**

測定日 及び 年令	平成12年 7月5日 63歳	平成12年 10月18日 63歳	平成12年 12月20日 63歳	平成14年 4月25日 64歳	平成17年 6月13日 67歳	増減 (%)
チェストプレス(kg)	34.0	43.0	47.0	47.0	56.0 (6段階の5ですぐれている)	+64.7
レッグプレス(kg)	74.0		108.0	119.0	140.0 (6段階の6で最高)	+89.2
握力右(kg)	41.2	41.9	39.2	43.8	46.5 (40歳値)	+12.9
握力左(kg)	50.2	48.1	50.0	49.6	50.0 (40歳値)	−0.4
背筋力(kg)	127.0	142.0	158.0	166.0	175.0 (最高値)	+37.8
サイドステップ(回)	35.0	36.0	34.0	38.0	39.0 (51歳値)	+11.4
垂直跳び(cm)	32.0	39.0	38.0	39.0	44.0 (51歳値)	+37.5
座位体前屈(cm)	24.0	48.0	48.0	50.0	42.0	+75.0
全身反応時間(秒)	0.373	0.359	0.322	0.325	0.322 (最高値)	−13.7

本書は、平成十三年に刊行した「歓談◆円相の風光」を
改題、増補改訂したものである。

初出一覧
歓談◆円相の風光（第一話～第十二話）
月刊「剣道時代」平成十年八月号～平成十一年七月号
歓談◆円相の風光その後
月刊「剣道時代」平成十四年一月号～同年三月号

石原忠美（いしはら・ただよし）

大正５年（1916）岡山県生まれ。旧制関西中学、大日本武徳会武道専門学校本科卒業。旧制豊中中学校教諭を経て、岡山県警察剣道師範をつとめた。第５回全日本都道府県対抗大会団体優勝。第10回世界剣道選手権大会日本選手団団長、全日本剣道連盟副会長などを経て、現在は相談役。岡山県剣道連盟名誉会長、岡山県警察剣道名誉師範。平成９年度武道功労賞、平成15年度第３回剣道特別功労賞受賞。講演録に『活人剣・殺人剣と人間形成』（小社刊）。剣道範士。

岡村忠典（おかむら・ただのり）

昭和12年（1937）茨城県生まれ。県立龍ヶ崎第一高校、東京教育大学卒業。東京都内の中学・高校教諭を経て、都立竹台高校校長を最後に定年退職。その後、東海大学講師、㈶全国高体連専務理事をつとめる。現在、全日本剣道連盟常任理事（社会体育委員会委員長、総務委員）をつとめるほか、千葉商科大学剣道部師範、日本武道館武道学園講師、修証女性剣道教室主宰。著書に『剣道教室』『最新スポーツルール』（ともに共著・大修館書店）、『啐啄同時』（全国・東京都高等学校体育連盟剣道部）、『剣の道人の道』（日本武道館）、『百歳までの剣道』（小社刊）など。剣道教士八段。

石原忠美《いしはらただよし》・岡村忠典《おかむらただのり》の剣道歓談《けんどうかんだん》
生涯剣道《しょうがいけんどう》を求《もと》めて――「円相《えんそう》の風光《ふうこう》」改題・増補改訂版

平成19年5月1日　初版第1刷発行

著　者　　石原忠美　岡村忠典
発行者　　橋本雄一
発行所　　株式会社体育とスポーツ出版社
〒101-0054　東京都千代田区神田錦町2－9大新ビル
TEL 03-3291-0911（営業）
03-3293-7554（編集）
FAX 03-3293-7750
振　替　00100-7-25587
ホームページ　http://www.taiiku-sports.co.jp/
「剣道時代」携帯サイト　http://kmaga.jp/kendo/
印刷所　　図書印刷株式会社

ISBN978-4-88458-227-2　C3075　定価はカバーに表示してあります。

剣道時代の本

一刀流極意　笹森順造

現代剣道の源流「一刀流」の正統を継ぐ著者が極意秘伝を大胆かつ懇切に詳解。剣道上達を望む人、必勝の処世術を求める人、日本民族性の尊い教養を欲する人が必読すべき日本武道の代表的名著。本体五五二四円＋税

剣道講話　小川忠太郎

剣と禅の大家であり剣道界の精神的支柱として崇拝された小川範士初めての本格的な著書。「剣道講話」で剣道の理念を、「不動智神妙録」で沢庵の名著を、「剣と道」で論語・孟子等の大事な問題を解説。本体五六三一円＋税

剣道の法則　堀籠敬蔵

昇段審査の学科試験対策として剣道の基礎的理論を項目ごとに分類整理し、まとめた剣道人必携のバイブル。剣道の指導にも役立つ65の法則。それぞれの段位にふさわしい教養を身につけよう！　本体二五〇〇円＋税

剣道審査員の目1・2　剣道時代編集部編

50人の八段審査員が明かした重点項目。あなたはここを見られている。審査員が期待するものとその理由。昇段審査受審者は、ここを備えよ。**日本図書館協会選定図書**　各巻とも本体二〇〇〇円＋税